当代经济学系列丛书
Contemporary Economics Series

陈昕 主编

当代经济学译库

Daniel A. Levinthal
Evolutionary Processes and Organizational Adaptation
A Mendelian Perspective on Strategic Management

演化过程与组织适应
战略管理的孟德尔视角

［美］丹尼尔·A. 利文索尔 著

郑海洋 陈姗姗 译

格致出版社
上海三联书店
上海人民出版社

主编的话

　　上世纪 80 年代，为了全面地、系统地反映当代经济学的全貌及其进程，总结与挖掘当代经济学已有的和潜在的成果，展示当代经济学新的发展方向，我们决定出版"当代经济学系列丛书"。

　　"当代经济学系列丛书"是大型的、高层次的、综合性的经济学术理论丛书。它包括三个子系列：(1) 当代经济学文库；(2) 当代经济学译库；(3) 当代经济学教学参考书系。本丛书在学科领域方面，不仅着眼于各传统经济学科的新成果，更注重经济学前沿学科、边缘学科和综合学科的新成就；在选题的采择上，广泛联系海内外学者，努力开掘学术功力深厚、思想新颖独到、作品水平拔尖的著作。"文库"力求达到中国经济学界当前的最高水平；"译库"翻译当代经济学的名人名著；"教学参考书系"主要出版国内外著名高等院校最新的经济学通用教材。

　　20 多年过去了，本丛书先后出版了 200 多种著作，在很大程度上推动了中国经济学的现代化和国际标准化。这主要体现在两个方面：一是从研究范围、研究内容、研究方法、分析技术等方面完成了中国经济学从传统向现代的转轨；二是培养了整整一代青年经济学人，如今他们大都成长为中国第一线的经济学家，活跃在国内外的学术舞台上。

为了进一步推动中国经济学的发展，我们将继续引进翻译出版国际上经济学的最新研究成果，加强中国经济学家与世界各国经济学家之间的交流；同时，我们更鼓励中国经济学家创建自己的理论体系，在自主的理论框架内消化和吸收世界上最优秀的理论成果，并把它放到中国经济改革发展的实践中进行筛选和检验，进而寻找属于中国的又面向未来世界的经济制度和经济理论，使中国经济学真正立足于世界经济学之林。

我们渴望经济学家支持我们的追求；我们和经济学家一起瞻望中国经济学的未来。

陆昕

2014 年 1 月 1 日

导 言

　　对组织采取自觉的行为研究方法,姑且不论其字面意义上的开端,无疑是以马奇和西蒙(March and Simon, 1958)以及塞尔特和马奇(Cyert and March, 1963)在著作中提出的"卡内基学派"(Carnegie School)为基础的。该学派在个人层面提出了一些核心行为假设,即有限理性和搜索在解决问题中的作用,并为组织提出了协调与合作的双重挑战。二十年后,纳尔逊和温特(Nelson and Winter, 1982)贡献了另一个重要的概念基础,即组织和行业的演化理论*。虽然纳尔逊和温特基本赞同卡内基学派,但他们更关注认知的本质(Polyani, 1964),而不是分析的核心单元——决策(Simon, 1947)。纳尔逊和

---

* 这里的"演化理论"(evolutionary theory),似乎翻译为"进化理论"更合适,因为"进化"一词具有一定的主观目的性,其过程背后有组织的意志在起作用。对照而言,"演化"一词缺少这种目的性,更适合用在自然界和生物界,因为我们一般可以认为自然本身没目的。但考虑到"演化"现已是学界约定俗成的译法,我们不再另起炉灶。——译者注

温特在他们关于惯例的概念中提出的知识本质上的默会性和局域性特征,构成了公司在能力上固有的异质性,而这种异质性为他们分析行业动态奠定了基础。

我们现在似乎正在经历第三个时代,一个不再由理论进步所推动,而是由管理实践和实验,以及有助于改变这类实践的"工程师们"所驱动的时代(Blank,2003;Reis,2011)。从某种意义上说,这又把我们带回到了卡内基学派的研究中来,对于卡内基学派来说,探索和学习是他们感兴趣的核心机制。然而,这种"回归"具有一定程度的目的性和自觉设计,这是早期研究所缺乏或明显没有强调的。事实上,这些实验研究的某些变化,例如对随机对照试验(RCT)、"大数据",以及基于 AI 的学习算法的利用,看起来近似于一种"行为理性"。也就是说,与新古典主义对理性选择的表述相反,它相当多地强调不确定性和学习的作用;但是,与此同时,这种学习过程被认为类似于工程试验的当代泰罗模式。这些方法既有希望,也有挑战。虽然初创企业专注于产品和市场的适应并随后扩大规模的形象令人瞩目,但重要的是要考虑:是什么构成了这些相邻的市场和技术,以及作为规模缩放催化剂的选择过程是什么?随机对照试验的实验方法、"大数据"推断引擎和基于 AI 的学习算法,在战略行动的背景下具有挑战性,即时反馈可能不会明显反映我们感兴趣的长期结果。令人兴奋的是,人们对实践领域中的学习越来越感兴趣,但同样令人担忧的是,某些形式的理性的傲慢正在产生侵蚀,而卡内基学派为这种傲慢提供了反驳的手段和另一种前进路径。虽然行为主义并不否定有意识的选择,以及对这些选择后果的某种程度的预期(Gavetti and Levinthal,2000),但重要的是要时刻注意它们的局限性。

从某种意义上说,当前的研究是这三大方法的融合。它以纳尔逊和温特的理论研究为基础,从明确的演化角度看待组织变革。正如坎贝尔(Campbell,1965)很久以前指出、克努森和霍奇森(Knudsen and Hodgeson,

2010)更详细地阐述的那样,广义的达尔文式视角可以有效地应用于非生物性的社会系统。这种理论比生物学更进一步,因为它放弃了基因或任何类似结构的概念。"基因"的概念在考虑组织时会产生一些基本问题(即观念上的包袱);特别是会产生这样的问题:什么是遗传禀赋的类比物,什么又是组织环境中的一个"世代"?

正如在接下来的章节中所阐述的那样,即使在没有这些更明确的生物机制的情况下,演化的观点也可以作为一个强有力的指导。这里提出的观点的核心是,不久的将来的行为,是受不久的过去的行为引导和约束的。这不是假定的惯性,而仅仅是某种形式的路径依赖。这项研究的第二个核心支柱来自演化理论,尤其是温特和纳尔逊(Winter, 1964; Nelson and Winter, 1982)提出的理论,即选择的竞争力量是真实存在的,而且相当强大;但与此同时,它们并不是竞争动力学的程式化描述中的"魔法棒",所谓"魔法棒",暗示了朝向均衡结果的某种近乎瞬时的转移。选择只是一种相对适合的表述,因为它实际上取决于当前群体的组织配置形式,而不是某种潜在的最佳可能形式。此外,随着时间的推移,竞争过程在现存群体中也会逐渐显现。

选择的非瞬时性,允许在这些外部力量的性质与组织选择采用的奖励结构和资源分配机制之间,出现一些松散耦合。这些属性被称为组织的人工选择环境(artificial selection environment)。修饰语"人工"用来表示,这些选择规则是有意识选择的产物,而不是市场竞争结果的直接副产品。人工选择过程面临两个基本挑战:一个是时间上的;另一个是空间上的。

从时间的角度看,今天的适应度或表现,其信号可能不会强烈预示相同的计划在未来某个时间点的适应度或表现——因为外部环境可能会发生变化,从而变得更容易或更不容易接受这种计划,或者因为计划本身会经历一些变化的发展过程,即使环境保持固定,也会引出不同的

3

反馈。当前外部选择力量与组织内指定的人工选择机制之间可能存在松散耦合，导致战略远见、冒险和愚行。正如马奇（March, 2006）所指出的，这些品质在事前很难区分。这里展开的讨论中，强调了一个问题：即使是可能构成了合意的绩效的那些标志，也会成为争论和猜疑的对象。

另一个挑战是空间问题，它源于组建组织的基本必要性，即通过组织形式协调不同的个体并采取集体行动所可能带来的益处。组织活动的专业化和协调，以及相关的联合生产，对正式组织来说是异常重要的基础（Smith, 1776; Alchian and Demsetz, 1972; Williamson, 1975）。然而，同样这些属性使得在组织内的个体行为人之间分配奖励成为问题。正如吉本斯（Gibbons, 1999）所观察到的那样，市场会处理协调难度小的"容易"的问题，而将"困难"的问题留给组织解决。制定不完善的奖励结构，以解决组织面临的合作和协调的双重挑战（Puranam, 2018），是这种人工选择的另一个重要问题。代理模型倾向于强调合作的困难——或者激励冲突的困难，如文献（Holmstrom, 2017）所表述的那样。然而，即使抛开行为人之间内在动机差异的困难，调整行为和协调集体行动，以实现某些共同的（虽然通常不太可行）、更高的利润目标，其困难也是巨大的。随着行为人数量的增加，他们之间相互关系网络的扩大，以及因路径依赖而产生的跨期联系的加深，要将组织所获得的更多的回报投射到个人和个体的计划上，就会变得更加困难。

未来还有很多研究要做，但现在已有了大致的轮廓。现有的努力并没有形成一个完全一体化的理论框架，但希望这些努力能够在演化和更广泛的行为传统中，架起一些关键的思想桥梁，并为讨论组织适应的某些基本困难提供一些支撑。这是一个明显不完整的框架，希望有人能让它的结构变得更厚实、更清晰。

致 谢

　　学术活动通常被认为是相当孤独的工作,但这种印象其实是非常片面的,在很大程度上也是错误的。无论我在这条学术的道路上走了多远,都得益于家人、朋友和合作伙伴的洞察、启发和支持——这些都是很美好的交流体验。事实上,本研究的重要部分直接来自先前的合作,并在本书中予以了致谢。此外,我的朋友和合作团队的一些成员,罗恩·阿德纳(Ron Adner)、乔瓦尼·加维蒂(Giovanni Gavetti)、托尔比约恩·克努森(Thorbjørn Knudsen)和法尼什·普拉纳姆(Phanish Puranam),参与了对原稿的特别讨论。如果没有坚定的支持,任何一项堂吉诃德式的(有些大胆和傲慢的)重大研究就不可能持续下去。在我看来,这种支持似乎是盲目的,没有因为这项工作无休止的拖延而减损分毫。我非常感谢这个友好的支持队伍。特别要说明的是,我很感激我的儿子阿舍(Asher)和亚当(Adam),还有我的伴侣莉莎(Lisa),他们时不时地询问"这本书进展如何",以表达对这个项目的支持,而不是评价工作的进展速度。我尤其要感谢这个队伍中的一位成员,詹姆斯·G.马奇(James G. March),虽然他已经不在了,但他会永远留在我们心里。我想把这部作品献给詹姆斯·G.马奇,我从他那里学到了很多关于生活、模型和组织的知识。他是我的榜样。

CONTENTS

目　录

1

孟德尔式管理者：设计与战略演变

　　在我们努力理解组织、组织的策略和组织获得的结果时，我们大致有两类解释：一类以理性行为人的精确计算和选择为前提；另一类以演化动力学的过程为前提，即一个附带变异的遗传过程，以及一个存在竞争选项的选择过程。解释的这两个"极端"被定义得相当清楚，并成为颇具权威性和吸引力的思维标的。本书试图在这两类概念之间建立一个中间地带，尽管它更接近演化的那一个"极端"。关于这种"中间立场"，格雷戈尔·孟德尔（Gregor Mendel）的理论是一块有用的试金石。[①]孟德尔并没有以某种确定性的方式指定一个豌豆谱系每一代的属性，而是创造了对随机繁殖过程的有意识操纵。用现代精益初创企业的说法，我们可能会认为他指定了一系列"A/B"测试，运行相对受控的局部修改实验，并观察它们的效果。

　　"孟德尔式"管理者的概念表明，我们可以将神明般的理性设计与演化动力学联系起来。在某种程度上，我们或

1

许可以设计这些演化过程。这种"孟德尔式管理者"(Mendelian executive)具有意向性;但是,与新古典经济学中的理性概念不同,这种意向性是有限的,因为它更强调实验过程的设计,而不是具体路径的设计。这种意向性和设计将孟德尔式管理者与纯达尔文式的过程区分开来:决策者既不是盲目的钟表匠(Dawkins,1987),也不是国际象棋大师。孟德尔式管理者的意向性允许对机会的有意识探索,而不是静待随机变化的偶然性;但是,路径依赖的约束力往往会将这些变化限制在相邻空间内。此外,这里提出的观点强调了意向性在战略计划的选择和剔除方面的作用。组织行为被视为对一种"人工选择"环境的经营,而非对竞争过程的直接结果的选择。虽然市场结果可能会影响这种人工选择的过程,但这两个标准并不紧密耦合。

1.1 演化动力学的双刃:路径依赖和人工选择

变异遗传的概念是进化论的核心(Darwin,1859)。这种观点不仅适用于生物有机体,也适用于非生物实体,尤其是组织(Aldrich,1999;Campbell,1965;Knudsen and Hodgeson,2010)。坎贝尔(Campbell)的"变异-选择-保留"框架为这些思想在社会科学中的应用提供了基本模板。然而,用演化生物学背景下发展起来的这一框架,来理解人类组织内的适应和变化模式,对识别这两个领域的类似结构和机制提出了重大挑战。

围绕着以下这些问题出现了特别困难的挑战:组织环境中的"基因"是由什么组成的? 以及在这种环境中,什么构成了一个"世代"? 本书通过提供一组不同的基本原理(路径依赖和人工选择),来摆脱这个概念上的难题。为了使演化过程成为聚焦组织动态的有用透镜,它必须具有当前组织约束下的特征,并在某种程度上预示着未来的一系列特征。如果没有这个属性，就不会有（半）稳定的异质性的来源，因为差异性的选择过程需要在这个来源基础上运行（Levinthal，1991a）。然而，路径依赖的存在，不需要像构建基因那样，需要相对固定的遗传印刻。与生物演化过程相比，组织演化的另一个关键特征是，组织可能构成"人工"选择环境，在这个环境中可以分配计划、人员和资源（Aldrich，1999；Levinthal and Warglien，1999；Lovas and Ghoshal，2000；Levinthal and Marino，2015）。创意、商业计划和设计工作本身并不直接从市场中获得回报。作为一个整体，企业有盈利，也有亏损，但是相应地，企业也能够协调这些环境结果投射到组织的基本要素上的方式。因为个体只能通过组织的会计制度和激励结构才能获得奖励。从这个意义上说，企业可以被认为是一种信用分配机制（Holland，1975）。在最基本的层面上，企业可以被视为多级选择过程的一部分，企业内存在一个包含许多计划的内部生态，而企业本身则在更广泛的、包含其他实体的宏观生态中运作。

孟德尔指出，尽管不能直接控制个体的结果，但潜在的机制使他能够改变遗传模式。根据他文章中所给的框架，他制定了一个"人工"的选择环境。[②] 在组织环境中，人工选择环境可以与公司当前产品市场竞争和金融市场估值过程的"自然"环境产生松散的耦合。这种松散的耦合导致了自由裁量权（Burgelman，1991；Lovas and Ghoshal，1999），因为企业的战略和行动不是外部突发事件的直接后果。因此，这种松散的耦合为远见提供了潜在作用（Gavetti，2012）——用于制定那些在当前环境下其优点并不明显的计划。当然，它也可能导致顽固不化和愚蠢举措的出现（March，1994）。本书提出的论点将指出，实验以及对组织内部生态进行更广泛的管理，在功能上可以部分地代替远见。

重点是将组织作为分析的主要单元。但是，组织既不是单一实体，也不是孤立经济活动的孤岛。组织是一个由人、计划、文化特征和正式结构组成的复杂生态系统。这些复杂的实体通常嵌在一个由合作伙伴、客户、供应商、监管机构和其他类型的行为人组成的关系网络中。这些关系构成了路径依赖和定向选择的双重过程。由于这些丰富的内部和外部结构,进行多层次的分析就显得尤为重要。

然而,在这些过程中,是什么构成了选择的单元,这仍然是一个重要的问题。战略通常被认为是一种企业在竞争过程中的整体视角,而在经典的论述中,对"部分-整体"的关注构成企业战略的核心(Andrews,1971;Porter,1996)。在这方面,实验的方法似乎存在不足。对整个企业进行重新定位的实验,更像是一个"押注公司"的行动,而不像是在"尝试"。因此,实验方法更自然地适用于技术、产品和新服务的开发,而不是总体战略。然而,正如安德鲁斯(Andrews,1971)在其关于战略的早期经典研究中所观察到的那样,战略制定在很大程度上取决于企业内部竞争活动中的资源配置,这一过程反过来又受到最高管理层提出的资源配置标准和总体决策前提的指导(Simon,1976[1947])。鉴于此,正如安德鲁斯(Andrews,1971)所指出的,战略可以被视为一种决策和资源分配的模式。这个"模式"可以通过一种合理稳定的逻辑和一系列指导这些过程的决策标准来识别。这种逻辑可能是以一个精心设计的活动系统为指导,也可能是以一种将能力和资源利用到相邻"空间"的更为分散的意识为指导。

在这方面,企业在两个根本不同的层面上进行适应。在较低的层面上,产品、技术和市场会随着实验和直接从市场获得的反馈来调整,但重要的是,这些反馈会根据企业内部选择过程的标准进行评估。第二个过程(通常比较慢)是这些标准本身的变化。在这一意义上,探索不仅可以被视为潜在行为与当前行动之间的距离,还可以被视为计划优劣的评判维度的变化(Adner and Levinthal,2008;Csaszar and Levinthal,2016)。

尽管,任何规模或范围的组织通常都能维持各种各样的计划,但要维持各种各样的选择标准就比较困难了。就组织是一个等级系统而言,选择标准将倾向于反映那些处于该层级顶端的人的信念(Levinthal,

2017)。因此,为了让多种信念以有益的方式驱动资源的分配,通常需要在资源分配过程中进行一定程度的分权。企业活动的结构分解,可以促进新战略的适应和识别(Siggelkow and Levinthal,2004,2005)。一种不那么结构化的机制是组织松弛,它允许更大程度的探索和创新(March and Simmon,1958)。作为有效设计的一部分,孟德尔式管理者会创造这样一些结构,使新的变量有机会表达自己,并避免基于单一滤镜的筛选。

图1.1总结了本书提出的观点。孟德尔式管理者有自由裁量权,但这种自由裁量权受其经营环境的制约。可能采取的计划的集合,取决于现有的计划和孟德尔式管理者可支配的资源,也取决于他们对其他可能性的想象,而这反过来又受其特定经验和历史背景的影响(Pontikes and Rindova,2020)。同样,虽然孟德尔式管理者能够制定人工选择环境,但这种人工选择环境不能与组织运作的外部选择环境完全脱离。时间间隔越长,箭头所标识的影响的双向性就越明显。组织今天的行为可能会影响明天要采取的行为。路径依赖不仅是一种滞后的约束,而且当前的行为正在为未来的可能性提供支持。后一种可能性在我们讨论实质选择权的时候将被强调(Trigeorgis and Reuer,2017)。同样,生态位(niche)不仅是受限的,而且是被构建的,既是单独构建的,也是集体构建的(Odling-Smee,2003)。

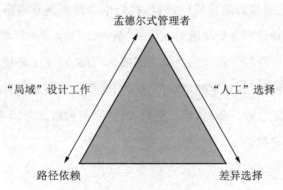

图 1.1 孟德尔式管理者以及战略的设计和演化

让我们从个体行为人的层面开始考虑。即使是给定一个明确的单一行为人，他也有多元化的思想、行动技能和经验基础。在这方面，我们可以考虑构成一个个体的那些微观实体，并将个体视为一个"宏观"总体。③第2章从这个视角出发，探讨了在看似不同的甄选、选择与学习过程之间共同的结构基础。然后，我们的讨论会转移到关于组织的内部生态的考量。坎贝尔（Campbell，1965）提出了由变异、选择和保留组成的三方框架，而本研究提出的框架从根本上说是二元的：由路径依赖和选择组成。这项研究提供了一个演化的视角来看待组织，而非类似基因或世代的视角。在某个时间点表现出特定个体的特征，进而在随后的时间点上促使可能目标的实现，这对演化动力学来说足够了。第3章研究了路径依赖的性质，并将这种思考扩展到对动态能力概念的研究。本书关注的选择过程，在第4章会进一步阐述。这一选择过程并不是市场或制度环境的选择标准，而是企业内部各级管理层的奖励标准以及资本分配和项目选择的准则。第5章建立在对选择标准的讨论之上，重新审视了探索与利用之间的权衡，并提出一个观点，即探索不应被视为行为本身的一个特征，而是取决于评价行为价值的那些维度。对于演化论点来说，变化的速度是一个重要问题。当然，路径依赖的概念似乎具有很强的"限制速率"的特性。然而，当我们认识到组织内外选择环境的多样性时，即使存在强烈的路径依赖过程，我们也会观察到看似剧烈和不连续的变化。这种理解看似间断的变化的"渐进式"观点，在第6章中进行了阐述。第7章借鉴了前几章中提出的概念，首先对比了环境依赖在不同实验模式中的作用，包括随机对照试验（RCTs）、A/B测试、强化学习，以及模仿和重组过程。最后，第7章对我们的"孟德尔式管理者"提出了一些试探性的建议。

1.2 附录：孟德尔

　　大多数人对孟德尔生平的了解，来自近乎童话般的描述。这些故事把他描绘成一个充满灵气的天才，独自一人奠定了基因学的基础。孟德尔的真实传记，在某些方面说明了本书所发展的观点，即当路径依赖行为移动到相邻的区域时，在某些情况下，可能会产生重大的变化——在孟德尔的例子中，是产生科学突破。④

　　由于家庭条件一般，孟德尔进入了一座修道院，以此实现他能够继续接受教育的目的。幸运的是，他所进入的这座奥古斯丁隐修会的修道院，由一位爱好科学的院长领导，这位院长笃信，追求科学知识是理解上帝之力和真理的主要途径。此外，修道院位于摩拉维亚地区的首府布尔诺，那里有几个科学协会，培养了一批业余博物学家。这些协会在 19 世纪并不少见。在孟德尔到来之前，修道院已被授权在布尔诺哲学研究所教授数学和宗教。因此，孟德尔获得了一个非常有利的环境，激发起他追求科学和数学的兴趣。

　　宗教和世俗启蒙的双重使命达成了一致。当地牧师指出，孟德尔"在科学研究上非常勤奋，但远不适合从事一个教区牧师的工作"。他的科学敏锐性受到赞赏，他被调到该地区的一家中学教书，继续他的科学探索。为了支持他的科学研究，修道院院长安排孟德尔进入维也纳大学。孟德尔成为该大学物理研究所的一名"助理演示员"，在以组合数学理论研究闻名的安德烈亚斯·冯·埃廷豪森（Andreas von Ettingshausen）教授的指导下工作。事实证明，在孟德尔研究遗传基础的过程中，他曾接触过的这种数学方法至关重要，因为它为孟德尔提供了一种分析结构，在这种结构中，他可以考虑显性和隐性特征的组合，后者是他科学贡献的核心。⑤此外，孟德尔还接触了在他之前的关于杂交的科学研究，还有新兴的、基于细胞的早期生命研究。这些接触使孟德尔能够以一种"熊彼特式"的创造性重组进行研究，将组合数学应用到研究遗传的新领域。

包括孟德尔进行的普通豌豆实验研究在内，之前已经出现了大量探索杂交的研究。然而，以前的研究人员把注意力集中在植物的整体特质上，这与当时占主导地位的"混合遗传"理论相一致，该理论认为，后代是父母性状的混合体，其特征往往介于父母性状之间。相比之下，孟德尔侧重于植物的个体特征（高度、颜色、种子性质等）。这种独特的分析单元，对于孟德尔辨别隐性和显性特征的模式至关重要。正是这种对双重遗传和"显性"与"隐性"特质的洞察，使他能够理解他在实验中观察到的经验模型，并提出不同于混合遗传理论的概念突破。

孟德尔是一位才华横溢、干劲十足、坚韧不拔的科学家。不过，他偶然受到的学术影响和修道院对其"生态位"的支持，都是实现他科学研究的关键因素。他利用组合数学的知识来研究遗传问题，并身处一个虽然以神学为根基和使命、但仍然非常重视其科学探索的组织中。作为一个以科学为导向的宗教人物，他自己的人生经历、他有意识的探索和发现，也深受这种路径依赖和"人工"选择环境的影响。他的经历很好地说明了本书提出的观点，他本人也为这些观点提供了引人深思的隐喻形象。

注　释

① 自古以来，人们就普遍知晓通过动植物杂交来培育所需物种特性的做法。19 世纪中叶，奥古斯丁隐修会的修士孟德尔通过豌豆不同谱系杂交的实验，阐明了遗传学的基础，特别是关于显性和隐性特征的遗传学理论。本章的附录提供了孟德尔更完整的传记，更详细地介绍了他的科学实验，其中还包括很有意思的一点，即他自己的职业生涯有哪些方面与本书提出的一般论点有相似之处。

② 在这方面，值得注意的是，达尔文在《物种起源》的引言部分为了论证
    自然选择的论点，他使用了育种者的例子，以及在被育种的动物中培
    养独特特征的例子。然而，达尔文并没有意识到孟德尔的平行努力，
    后者最终为基因遗传学奠定了关键的基础。

③ 事实上，在心理学和人工智能领域，这已经成为一个越来越占主导地
    位的观点（Dennett，1991）。

④ 本节内容广泛借鉴了罗宾·海尼格（Robin Henig，2001）所著的关于
    孟德尔及其工作的传记。

⑤ 虽然孟德尔将组合数学应用到其他领域的尝试，例如对构成常见德语
    姓氏的复合词的研究，被证明不那么有价值，但是所有这些努力都指
    出了这种数学学习的机会是非常重要的。

2

甄选、选择和学习

西蒙（Simon，1976[1947]）在其《行政行为学》（*Administrative Behavior*）的概述中，颇具启发性地将即将深思熟虑的"甄选"（choice）过程与一般性的"选择"（selection）过程等同起来。他指出：

> 所有的活动都包括对特定行为的有意或无意的选择，对行为者和那些被他施加影响和权威的人来说，这些特定的行为包括实际上可能的选择。这里使用的术语"选择"，没有任何有意识或深思熟虑的过程的含义。它只是指这样一个事实，即如果一个人遵循一个特定的行为路线，那么他就会因此放弃其他行为路线。在许多情况下，选择过程只是简单地由一个确定的反射动作组成……在其他情况下，选择本身就是一系列复杂活动的产物，这些活动被称为"规划"和"设计"……在本研究中，"选择"和"甄选"这两个词将交替使用，以指代这一过程。由于这些术语通常带有刻

意的、深思熟虑的、理性选择的内涵,因此应该强调的是,本文使用的术语包括任何选择过程,而不管上述要素在任何程度上是否存在。(Simon,1976[1947]:3—4)

西蒙使用"选择"一词作为一个概括性的概念,其中包括传统的选择概念和未经考虑的动作,这对于构建一个普遍结构化的演化观点是有用的。甄选过程、学习过程和传统上认为的选择过程之间的差异,是形成选择标准的基础。在理性选择的情况下,甚至仅仅是有意识的理性选择的情况下,选择是由对备选动作未来后果的预测所驱动的。相比之下,演化选择过程是由当期备选方案的相对适应性所驱动的,在生物学情况下,这些"备选方案"是不同的有机体。① 第三个视角是学习。② 从学习的角度看,不同选择之间的优先吸引力是回顾型的。也就是说,相比有些行为联结着不太成功的结果,那些被认为联结着更成功结果的行为,更有可能被实施。③

与之类似,丹尼特(Dennett,1995)对比了三种原型:对生物特征或种类进行差异选择的达尔文式过程;强化行为的斯金纳式(Skinnerian)过程;以及丹尼特所说的波普尔式(Popperian)过程。"波普尔式的"这个标签的灵感来自波普尔(Popper)的观察,即人类提出假说和反事实推理的能力允许"我们的假说代替我们消亡";也就是说,与形式上生存或死亡的达尔文式过程相反,在波普尔式过程中,思想和信仰的死亡可能先于那些持有这些思想和信仰的人。波普尔式过程要求行为人有一个内部选择标准,可以根据可能的结果评估备选行为。这种"内部选择"标准,不必与行为人所处的真实外部选择环境有很强的对应关系,而"远见"的品质可以解释为,当前内部选择标准与未来外部选择标准之间的对应程度。

在这方面,对甄选的"宽泛"理解可以被描述为,识别某些潜在机会并优先实施。诚然,这是一个略显笨拙的语言结构,但这种笨拙是故意的,用以避免传统的甄选类型、反射性学习行为,或选择可能引发的含义。在抽象层面上,"甄选""学习"和"选择"具有一些基本的共性。所有这些机制都以某种形式的备选集作为信息资源,并赋予这些备选集中的一个子集以特权,以形成行为的基础。这些机制在两个关键因素上有所不同。一个可能很突出但不那么重要的因素,是这样一种区分:选择的过程是在确定一个唯一的行动方案,还是只有概率上的计算? 前者关乎甄选,尤其是关乎理性甄选的思想,假定会有一个独一无二的最优方案被甄选出来。后者只关乎概率:在学习模型中,是信念映射到行动的概率;在选择过程中,是相对适应性以存活率表达自身的概率。更重要的区别是评估的基础:既往结果(学习)、当前适应性(甄选)和对未来结果的预测(选择)。

2.1 对过去的解读和对未来的预测

无论评估机制是面向未来(有意甄选)、当前(演化),还是过去(学习),有一个问题都必须得到重视,那就是:(未来、当前或过去的)表现或适应性,是如何被理解或被实施的? 当我们考虑公司的战略制定时,我们以企业利润作为衡量标准。虽然从概念上讲,这是一个定义明确的概念,但从实际情况来看,这是一个存在疑问的衡量标准。公司的任何行动,或者更具体地说,公司内部的任何行为人可能采取的任何行动,都会产生即时的和长期的后果。此外,如果我们考虑个人或组织子单元的行为,我们将面临行为人和子单元中间潜在的相互依赖的问题。虽然人们可以在一定程度上有信心预计到这些结果,只要这些结果对行为人来说是相对短期的和局域的,但是,一般来说,人们无法以一定的把握预测许多行动的长期后果。

企业不仅存在预测未来世界状态的问题,而且其决策嵌套在一个任意长的多阶段决策难题中,在这个难题中,一个时间段内的行动不仅会产生即时的结果,而且还会改变系统(公司)的状态,因为它面临着新的世界状态和新的决策机会。对于决策理论家来说,这并不是一个未知的难题,而且它完全符合动态规划的框架。然而,虽然动态规划为相对简单的问题情境提供了一个清晰的求解算法——所谓简单,是就决策阶段的数量和相互依赖的行为人的数量而言,例如在工业组织中企业战略研究时常见的两家公司、两段时间的经济模型(Fudenberg and Triole,1988)——在时间跨度更长的更自然的环境中,动态规划这一工具的局限性就更明显了,因为这些决策在时间和空间上都是相互联系的。Bellman(1957)是动态规划技术的主要开发者,他将此称为“维数灾难”(curse of dimensionality)。面对潜在问题产生的困难,对刻意理性的实用主义运用,要求采用某种简化认知的形式,以表示更复杂、不可知的回报结果(Levinthal,2011)。

考虑到这些困难,在考虑演化动力学的“工程”可能如何运作时,有必要考虑机器学习的研究路径。这种研究开始于塞缪尔(Samuels,1959,1967)在信用分配(credit assignment)方面的开创性研究,后来由霍兰德(Holland,1975)添砖加瓦;还包括更晚近的“执行者-评论家”模型的研究(Sutton and Barto,1998;Singh, et al.,2010),在该模型中,强化基于一个价值函数,该价值函数构成了一个习得的奖励函数。塞缪尔(Samuel)早期的工作是为下棋开发机器学习算法,其中的关键见解是,将输赢的最终结果作为奖励,对于学习有效策略来说,这是一个非常糟糕的准则。这种强化机制并不能直接识别暂时的“阶段情境”下行为的价值,例如占据棋盘的中心。他引入了后来由Holland(1975),以及Sutton和Barto(1998)建立起来的“信用分配”概念,根据这一概念,当行为导向一个看起来有价值的结果时,该行为会得到加强。

13

以类似的方式,当组织围绕关键成功因素定义重要事件和指标时,它们构成了一个人工选择环境,用于指导企业内计划的培养(Levinthal and Warglien,1999)。这样塑造回报(Elfwing, et al.,2008)的优点是,相对于来自环境的反馈,它可以大大加快反馈过程,从而判断既定的行为或计划是否正在沿着有希望的轨道前进。通过这种方式,对这些中期结果的评估,可以帮助对抗直接强化学习过程的短视倾向(Levinthal and March,1993)。

同样,在对学习过程进行操作化和概念化的过程中,都存在对结果进行解读的问题。March 和 Simon(1958)提出的中心论点是"成功"和"失败"之间的二元区分,这是在"卡内基"传统下的大量后续研究的基础上提出的。④成功和失败之间的分界线不是固定值或绝对值;相反,它被视为自身对结果经验的适应(Cyert and March,1963)。正如最近的学术研究所强调的那样,抱负水平的高低也可能以社会参照为基础(Greve,2003)。有趣的是,从本书提出的观点来看,社会抱负水平可以近似于演化选择过程的概念。从社会参照的角度来看,只有当行为产生的结果类似于(或优于)企业的参照集时,行为才会被视为有利的。事实上,如果我们用"参照集"来代替"生态位"一词,我们就接近于对选择过程基本结构的重述了。

哪些因素影响抱负水平?虽然关于组织学习的文献对这个问题给予了相当多的关注,也划分了满意的结果和不满意结果的不同范围,但对可能存在有多种结果的质疑,却关注较少。不过,这种议题已经开始浮出水面(参见 Ethiraj and Levinthal ,2009;Joseph and Gaba,2014),特别是针对那些具有双重目标的混合型组织形式,这类组织既要考虑社会影响,还要考虑盈利能力(Battilana and Lee,2014)。虽然关于混合型组织的研究说明了总体目标多样性的困难,但另一种机制是对经验的分解,通过这种机制,结果的多样性可能为学习过程带来挑战和机遇。例如,研究从接近失败的经验中学习(March, et al.,1991)。航空公司不仅会发生空难,也会发生险情。只要没有发生碰撞,近乎发生事故可以被视为"成功",但也可以被解读为失败,因为飞机距离安全红线很近。同样,在 Vaughn(1996)对挑战者号灾难的描述中,对于组织内的一些行为人来说,挑战者号先前着陆时发现的磨损的密封圈构成了技术系统的故障;但是,对于组织中高层行为人来说,之前安全、及时的登陆就足以被视为成功。

因此,在保留成功与失败的二分法的同时,随着对结果的分解,我们从一个非黑即白的世界转变为一个由不同色调的灰色组成的世界——至少以像素化的方式呈现出黑和白的个别"单元格"(即不同的特定结果)的灰色(Levinthal and Rerup, forthcoming)。行动人在组织中所处的位置,以及他们可能划定的关于成功或失败的判定标准,很可能会改变他们对结果的解读。⑤正如 Lewis(2005)所观察到的,"你的所见所闻在很大程度上取决于你所处的位置;这也取决于你是什么样的人"。虽然"导言"那一章中从"孟德尔式"的刻意设计者的角度引入了嵌套选择层级的画面,但这里的讨论指向了解读和选择的潜在复杂生态。随后关于选择(第4章)、探索与利用(第5章)和间断变化(第6章)的章节,更充分地阐述了这些观点。

总之,甄选、选择和学习过程之间的关键区别是评估的基础——分别是预测未来的结果、评估当前的表现和解读过去的表现。此外,正如后续章节中所阐述的那样,选择标准本身可能会发生变化,尽管通常会在较慢的时间范围内发生变化,并且选择标准的这些变化会对随后的适应性动态产生巨大影响。

2.2 附录:探索-利用和 Softmax 算法

探索-利用间的权衡是演化过程的核心(Holland,1975)。从霍兰德

(Holland)的开创性研究开始,多臂老虎机问题一直被视为一个典型的、用于研究这种权衡问题的情境。"老虎机问题"提出了一个任务环境,行为人面临一系列的选择,每一种选择都可能产生不同的随机奖励。这种简单的结构抓住了探索-利用间权衡的核心要素,因为行为人可能会倾向于选择一种他们有一定信心的方案——相信该方案将产生积极的回报,而不是选择另一种不确定性更大、预期收益更低的方案。在这种环境中的学习是在线完成的(Gavetti and Levinthal, 2000)——关于备选方案的价值的信息只能通过直接体验产生。因此,尝试新事物,就不能从熟悉的事物中获益,这就产生一种机会成本。如果没有这种机会成本,就不存在探索-利用间的权衡,而变成一个搜索和采样的问题(参见 De-Groot, 1970)。在纯搜索问题中,存在搜索或抽样的直接成本,例如调查客户或进行实验室实验的成本,但不存在机会成本——搜索一个选项并不排除搜索或使用其他选项。

Softmax决策规则是由 Luce(1959)引入的,目的是获取行为人在面对随机奖励时如何改变选择的实验证据。它还被用作老虎机任务环境中选择模型的关键组成部分(Holland, 1975; Posen and Liventhal, 2012)。Softmax 规则将备选方案的选择定义为,关于焦点备选方案的吸引力的信念比率的函数,该比率是所有备选方案的信念总和。此外,该函数采用一个参数 τ,通常称为"温度系数"(temperature),该参数用于调整选择被认为更有利的行为的概率。随着这一参数的减小,所选备选方案与被认为更有利的备选方案之间的概率差距会增加;相反,随着这一参数的增大,选择的随机性也会增加。更正式的表达式是:$p_t(a) = \exp(q_t(a)/\tau)/\sum \exp((q_t(i)/\tau))$,其中分母中的总和取自所有 n 个备选方案。

因此,Softmax 规则具有学习要素,即关于各种备选方案的吸引力的信念如何随经验不同而变化。此外,西蒙使用术语"选择"作为选择过程的首要标签,依照他的理论,行为人从事的具体行动由各种备选方案的相对"适应性"（感知吸引力）决定。选择标准是关于单个备选方案之前景的相对信念，选择过程的强度由调整信念指数函数的参数确定。此外，卢斯（Luce）的选择模型中的"温度系数"τ 可以解释为行为人从事的探索或利用程度的指标（Holland，1975；Sutton and Barto，1998；Posen and Levinthal，2012）。

作为一种引导相互竞争的"探索"和"利用"主张的机制，这种结构有助于我们确定对探索和利用现象的三种不同解释方式（Posen and Levinthal，2012）。根据经验，人们通常将"探索性"行为视为与之前未采取的行为相对应的行为（Lavie，et al.，2011）。然而，在概念上，我们往往认为探索与利用之间的权衡是一种策略。探索和利用作为一种"策略"，对应于 Softmax 规则中的 τ 参数。然而，由给定策略或 τ 值产生的行为的探索性或利用性如何，反过来又取决于这些信念在各种备选方案的吸引力中间的相对集中或分散程度。例如，如果一个行为人的信念相对分散，那么即使是有点利用性的计划也会产生相当程度的探索（即创新）行为。相反，如果信念高度集中，相同的搜索策略（τ 值）将产生相对具有利用性的行为。因此，最好将整个机制理解为信念、策略和行为的"三位一体"。为了说明信念、策略和行为三者之间的相互作用，Posen 和 Levinthal（2012）指出，对备选方案价值的外生冲击，将导致对备选方案吸引力的信念更加分散。由于这些更分散的信念，以行为改变为形式的搜索，将与这些冲击一起自发产生；而探索和利用间权衡的策略 τ，则没有任何变化。

注　释

① 虽然在演化过程中，选择是基于对当前适应性的衡量，但这种适应性来自特定的历史经验，这种经验包括对惯常做法的修正，同时受先前

　　选择的影响。这种历史经验创造了当前选择发挥作用的"养料"，就这点而言，当期的选择过程非常依赖于历史，从这个意义上看，这种选择过程是"回顾型"的。

② 在这方面值得注意的是，Thorndike(1899)在提出强化学习研究的基础——效果律的论点时，将其与自然选择理论进行了类比。

③ 贝叶斯式(Bayesian)学习过程是理性决策模型中的一个重要原理，它会产生类似的回顾型联结。然而，对信念的贝叶斯式修正，是对后续结果的前瞻性演算；而在刺激-反应学习过程中，没有前瞻性演算，只有"回顾型"联结。

④ 这种区分建立在西蒙早期的选择模型中对"满意"选项的二分法基础上(Simon, 1955)。然而，在西蒙的有限理性模型中，这种在"满意"和"不满意"之间的二分，是一种未来导向的预测，预测与既定行为相关的预期收益。在学习模型中，这是将过去的结果解释为互不关联的类别。

⑤ 从这个意义上讲，一个行为人在组织内所处的位置，以及这一位置所带来的关于何为成功和失败的独特看法，就类似于在选择过程中的一个生态位的作用。

3

路径依赖

长期以来,人们一直认为印刻效应(imprinting effects)对组织具有重要和持久的影响,无论印刻内容是组织诞生时的社会背景(Stinchcombe,1965),还是创始实体的特定特征(Barron,Burton and Hannan,1996;Beckman and Burton,2008)。但印刻并不表明惯性。我们即将面临的挑战,不仅是要理解一个组织的初始状态可能带来的影子,而且是要更广泛地理解其历史所带来的限制和机遇。在管理学文献中有许多概念都以某种方式谈到这个问题。其中,"路径依赖"(path-dependence)、"实质选择权"(real options)和"动态能力"(dynamic capabilities)等术语和概念是其中较为突出的。在本章中,我们将仔细介绍这些术语和概念。

生物是两个因素的产物:它们最初遗传基因组成的特征,以及以其为起点开始的发展过程。我们借用管理领域的演化动力学中的观点、概念和比喻时,倾向于优先考虑决定这一初始遗传结构的变异和选择过程，但对发育过程的关注相对较少，而后者在生物学上意味着，从一个单细胞的有机体，发展成数百万、数十亿，甚至像人类那样上万亿个细胞的实体。[①]

在本章中，我们探讨路径依赖的概念问题，以及这一属性在组织演化和变革过程中意味着什么。这项工作的关键是将这一总体建构解构为学习、状态依赖和发展的不同属性。最后，我们探讨在管理学领域引起极大兴趣的动态能力概念（Teece, et al., 1997；Helfat, et al., 2007），对这一丰富的建构进行微观上的解构分析。

在继续这一议程之前，重要的是要解决一个在考虑组织的演化理论时的一个所谓的"房间里的大象"问题，即组织中是否存在类似"基因"的东西。鉴于这项研究正在形成一种关于企业行为的自觉演化解释，那么就存在这样一个自然而然的问题，即什么可以构成一个组织的"基因"——所谓"基因"指的是那些在自然选择过程中保持不变的特性，以及让组织属性从一个"世代"传递到下一个"世代"的基本要素。基因的构建，在 Nelson 和 Winter（1982）关于经济变迁的演化理论的开创性研究中，是一个非常强有力的概念锚，因为在他们的研究中，基因的构建体现了企业能力的固有差异，这是他们分析的基础。然而，当学者们研究组织内常规行为的本质时，他们发现这些行为有着比程式化的基因和惯例的图像所暗示的更强的易变性（Birnholtz, et al., 2007；Feldman and Pentland，2003）。此外，关于偶然突变或重组过程的变化概念，似乎并没有很好地捕捉到这种可塑性的特质。

如果认识到在纳尔逊和温特（Nelson and Winter，1982）最初的论证中，他们所提出的惯例这一建构既体现了基因（行为信息内容的持久载体）的作用，也体现了表型（表达行为本身）的作用，那么关于组织行为的遗传基础概念工具和这些经验观察之间的明显冲突就可以得到调和。正如 Levinthal 和 Marino（2015）所观察到的，给定的基因型可能会根据有机体(组织)所处的特定环境,产生各种各样的表达行为。举个简单的例子,让我们回到孟德尔和他的豌豆研究上来,一个给定的豌豆基因链(一串具有相同基因的豌豆)会受到它们暴露于其中的阳光和湿度的影响,而达到不同的高度、颜色和味道。

虽然表型的独特建构及其与特定基因型的多对一关系(即,一个给定的基因型可能导致相当广泛的表型形式)允许人们在基于遗传的理论中纳入高度的可塑性,但使用基因这一建构作为概念锚,仍存在相当多的推论,并可能会产生问题。特别是,还存在一个组织中的一个世代是由什么构成的问题。

就本项研究的目的而言,我们并不对组织行为的遗传基础提出任何主张。相反,我们提出的主张是路径依赖性,这一主张较为温和,但对于我们论证而言已经足够。在本章阐释的内容中,在一个时期内,公司的属性会影响一系列可达状态,以及一系列给定的属性的实现成本。要使基于选择的论点有相关性,一定程度的惯性是必要的(Hannan and Freeman,1984;Levinthal,1991a),特别是在强选择环境的背景下,路径依赖是组织间足够持久的异质性的基础,从而使群体层面的选择过程具有相关性(Levinthal,1997)。

3.1 解构路径依赖

虽然路径依赖的总体思路已成为企业战略管理的核心话语,但这一建构所包含的内容通常没有被明确阐述,而且它经常会被用来表述相当不同的属性。[2]更准确地说,将一个组织概念化为一个动力系统是有用的——组织在假定的时间段内采取行动,经历假定的外部情境或"环境";作为这些行动和环境的共同结果,组织的属性可能发生变化,并获得一些即时的回报。考虑到这个结构，我们现在可以描述三种截然不同的路径依赖形式。

第一，有一个学习过程，在这个过程中，由于先前的行为-结果关系模式，当面临特定情况时，采取特定行动的倾向可能会改变。重要的是要强调"学习"这个术语的含义不是什么。首先，它并不是要表明，在特定的环境下，改变了的行动倾向会导致更好的可实现的结果，乃至预期的结果。其次，这里使用"学习"一词来表述从事特定行为的倾向，而不是可能发生的行为集合的变化。在此，即使使用狭义的表述，学习过程也是很重要的，它是组织在给定任务环境中所取得的许多绩效提升的基础（Argote，1999）。当然，盲目的学习也是可能的（Lave and March，1976）。此外，Denrell 和 March（2001）基于马克·吐温（Mark Twain，1897）的早期见解观察到，可能存在一种"热炉"效应，因为不准确的信念持续存在，个体当前的信念会影响选择的过程，那些被认为有负面后果的行动将不会被采用，所以那些信念也不会在以后得到纠正。③

第二种截然不同的过程是状态依赖。这一建构所要求的是，可达状态的集合可能依赖于组织的现有属性。Dierickx 和 Cool（1989）对资产存量积累的讨论，是状态依赖的一种形式。举个例子，根据他们的讨论，一家企业的广告历史将在特定的时间点影响其品牌名称。为了帮助识别状态相关过程的不同属性，请考虑一个简单、高度程式化的随机行走示例。在这个"行走"的每个阶段，状态变量的变化分布保持不变；然而，在未来时间段（$t+1$）达到特定状态的可能性，在很大程度上取决于前一时间段 t 的状态值。更普遍地说，状态依赖性抓住了这样一个概念，即关键状态变量（如品牌或资本存量）的现实价值，取决于形成这种状态变量的活动和资源的流量，这是一种历史的、累积的流量。回到随机行走过程的例子，在给定时间段内可以达到的状态，是先前行为历史的函数，但任意两个状态之间的转换概率，随着时间的推移保持不变。因此，决定着在给定时间点上什么可能实现的约束条件,取决于当时状态变量的值,而不是可能经历的转换的概率分布。

我们保留"发展"这一术语,指的是实体形式的变化,而在此语境下,"形式"是指在某个可能的状态空间中移动的能力,而不仅仅是系统状态的变化,如随机行走的例子。举个简明的例子,考虑人类行走一定距离的能力是如何随着年龄的增长而显著变化的,从几乎不能动弹的婴儿,到腿短且容易疲劳的学步儿童,再到基本发育成熟的青少年或成年人,最后再到体弱的老年人。在一段时间内,这种可能移动的范围差异,不一定与给定旅程的起点——即状态依赖问题——有任何关系。

反过来,发展过程的基础是什么?正如人类衰老的例子所表明的那样,表型的某些变化是由生物体遗传结构中的时钟触发的。细胞分裂、衰变和替代结构的过程,是由反映体内遗传印刻和自催化过程的化学信号触发的。与组织问题更为密切的是,重组组织和更改基础流程的行为、技术能力投入或举措,可能不仅会改变系统的状态,例如在状态依赖的情况下的存量和流量问题,而且可能改变组织行为的能力,并在未来得到不同的结果。从这个意义上说,组织能力的发展是变革性的。

这不仅有助于将发展与构成组织和群体层面变化动态的其他过程区分开来,还有助于将这个术语从常常与之相联的概念"包袱"中解放出来。无论在时间上还是在结果上,发展都不是决定性的,并且可能反映出对其发生环境的巨大敏感性。正如孟德尔的豌豆实验所揭示的,发展过程在很大程度上取决于条件,尤其是实体所暴露的资源环境(在孟德尔的研究中是阳光和水),以及组织环境中的宏观经济和技术变革等力量。过去在管理文献(Greiner, 1972;Kimberly and Miles, 1981)中提出的程式化的、在许多方面类似于准决定论的阶段式发展观念,可能增加了我们对这些动态的集体盲点。在演化生物学领域,演化与发展的联系和双重作用,是一个重要而活跃的研究领域(Pigliucci, 2001;Hall, et al.，2003）。虽然社会实体明显有不同于生物实体的动态，然而，从组织群体的演化视角来看，如果不注意发展的作用及其在更广泛的演化动态中的地位，缺陷似乎是非常大的。

3.2　发展与选择

此外，承认发展过程的存在，突出了与选择压力的时间和强度相关的问题（Levinthal and Posen，2007）。选择作用于给定形式的表型表达在时间上的展开，作用于该形式发展成熟时的不同技术性能。演化观点从根本上与组织和行业变革过程在时间上的展开有关。这种时间上的展开对我们理解选择过程是如何进行的至关重要，这是一种可以说被低估了的特性。我们倾向于认为，选择是对某些具有固定特征的群体进行的操作；然而，鉴于实体一生中可能发生的表型变化的显著程度，选择相对于发展时钟的时间安排和强度，是至关重要的（Levinthal and Posen，2007）。把这个问题放在初创企业的背景下考虑。它目前的"形式"，无论是在人员、技术，还是产品方面，通常只是其最终可能性的一个微弱的影子。然而，由于缺乏财务和非财务资源，初创企业很容易受到变幻莫测经营环境——尤其是其现有和潜在的投资者及市场上竞争对手——的影响。因此，认识到发展和在基因型与表型之间做出区分的共同后果，会引发了一系列重要议题。

例如，考虑一下 Brittain 和 Freeman(1980) 所强调的 r 型战略家和 K 型战略家之间的对比。"r 型"企业能够迅速动员起来，并对察觉到的机会作出反应，进入一个市场或生态位；而"K 型"企业动员起来较慢，但能够实现高水平的效率。从发展的角度来看，r 型战略家在他们的生活史中很早很快就达到了接近成年的状态，而 K 型战略家有一个更长的"诞生"期和"童年"期。这些替代形式的生存能力,在很大程度上取决于选择压力出现的时点和强度,以及企业可能拥有的任何缓冲资本,这些资本可能会减轻选择压力(Levinthal,1991b;Barron et al.,1994)。

组织在不同时点上的相对可塑性,对组织所经历的特定历史环境序列的长期后果也具有重要影响。这一问题在人类发展的背景下显而易见。例如,接触多种语言的儿童会掌握双语,而成年人接触同样的多种语言则更可能只让他感到困惑。我们有理由怀疑,在组织环境中存在类似的现象。在组织生命历程的早期,接触不同的环境可能会产生稳健性和灵活性,而如果这种接触是在后来形成相对根深蒂固的行为模式时才首次发生,则可能会对该组织的生存机会构成威胁(Barnett,2008)。

此外,发展不仅会导致相对固定和僵化的形式,而且发展的进程也可能产生模块和构件,为进一步的变革进程提供机会。模块和子结构是先前发展过程的产物,它们本身改变了可能构成可达状态集的内容。事实上,实践和技术模块化的组合可能性,已被视为组织和更广泛的社会系统在采用替代形式时是快还是慢的一个关键因素(Baldwin)and Clark,2000;Schilling,2000;Ethiraj and Levinthal,2004)。

在这种精神下,虽然"路径依赖"的标签通常意味着过去的行为、竞争地位和信念——过去的链条——的约束和印刻,我们也必须考虑对路径依赖概念的这种标准的"回溯式"理解的双重性。如果组织的现有属性要为未来时期的优势提供基础,那么企业的未来状态与之前的状态之间必须存在一些联系。在没有这种联系的情况下,这些后续状态将被许多其他企业所获得,并不能提供竞争优势的基础。关于组织惯例的概念(Nelson and Winter,1982)有力地说明了这种双重性:组织的惯例在支持和约束组织有效从事一些行为的同时,也创造了相对于其他可能性的僵化和惯性(Leonard-Barton,1992)。

3.3 实质选择权

实质选择权的概念一直是一个核心框架,通过该框架,先前的行为通过理性选择方法与未来的可能性联系起来(McGrath, 1997; Bowman and Moskowitz, 2001; Trigeorgis and Reuer, 2017)。所谓"第一阶段"的初始投资,既可以在一定程度上更新后续投资的价值,也可以降低成本,或使后续投资实现机会的可能性变得更大。作为后一种特性的例证,或许可以用一些初始投资来获取对资产的某些产权,例如石油开采、电影剧本或专利。在其他情况下,由于压缩时间成本,实现机会的成本降低(Dierickx and Cool, 1989; Hawk, et al., 2013),因此,通过对各种能力进行预先投资,可以用更低的成本实现后续状态,相对于以更离散的方式来获取这些能力。更普遍地说,获得进入未来状态的特权,是"实质选择权"概念的核心。

在实质选择权的讨论中,人们较少意识到的一个问题是,在被视为"第一阶段"投资的初始,企业之间是存在差异的。④如果企业早先实际上是同质化的,对某一特定备选方案的前景没有适当的了解,也没有适当的机会投资于任何一组特定备选方案,那么获得实质选择权就类似于买彩票。从本质上讲,企业就像一个同质化的消费者,每个人都可以自由地对他们想要的彩票中的任何一组数字下注。因此,实质选择权的重要性,不仅体现在初始投资如何开创一组独特的机会,还体现在企业现有的地位和能力如何改变备选项的价值。作为这种考虑的例证,Wu 等(2014)的研究表明,如果现有能力与这些技术互补,老牌企业可能会"押注"那些本质上看起来不太有前途的技术。

当前的一系列行为、能力和市场地位,限制了在后续时期可达成的一系列行为、能力和市场地位，并且会影响收益，这进而又决定了什么构成了一个或多或少可取的位置。过去给未来的可能性蒙上了阴影。演化理论强调了过去行为和投资的约束，而前瞻性的理性选择理论则强调了路径依赖约束的另一面："今天"的投资如何为"明天"创造机会。这一想法是实质选择权概念的核心，在实质选择权中，初始阶段设置的投资提供了获得未来机会的特权。在没有路径依赖的情况下，没有必要考虑实质选择权——在这种情况下，一个当下的、短浅的视角就足够了。因此，无论是采取"杯子半空"的回溯式方法强调路径依赖强加的约束，还是采取实质选择权"杯子半满"的前瞻性方法强调当前行为的促进作用，路径依赖都是两种观点考虑的中心。

3.4 动态能力

如前所述，一个基本的观念上的困难，是描述不同状态的可达性。考虑以下简单抽象的问题。以处于时期 t 的企业为例，在随后一个时期可以实现的可达状态是什么？[⑤] 这个问题迫使人们正视一个问题：什么是自己认为的有价值的分析单元？如果我们从一组资产的所有权的角度来考虑公司，那么不同时期的变化可能相当剧烈。然而，尽管所有权结构的重组可能会对公司的成分产生巨大的影响，但它不一定会对潜在的经营单位产生任何直接或立即的影响（Penrose，1959）。

动态能力这一建构（Teece, et al., 1997；Helfat, et al., 2007）被提出来，作为理解公司进入可选状态的不同能力的一种方式。解构这一组丰富而相当复杂的思想是有益的。这样的解构暗示了这一建构的五个不同方面。首先，如果我们认为一家公司的特征是在时间 t 的某个属性向量 $(a_{1,t}, a_{2,t}, a_{3,t} \cdots a_{N,t})$，那么可达状态的问题也就等价于是什么构成了可能实现状态的集合$(a_{1,t+1}, a_{2,t+1}, a_{3,t+1}\cdots a_{N',t+1})$。⑥

一个概念上不同的问题是"稳健性"（robustness）的概念，它通常不包含在动态能力的讨论中，但可能是有益的。稳健性并不需要属性的转换，而是指让给定属性集保持其价值不变的自然状态的范围。⑦形式上，稳健性可以描述如下。让我们通过函数$V(a_{1,t}, a_{2,t}, a_{3,t}\cdots a_{N,t}|s_t)$来考虑企业在$t$时期的属性值。稳健性的问题可以表示为，该估值与函数在另一种自然状态下的值s_{t+1}之间的差异，后者在未来时期$(t+1)$实现，即$[V(a_{1,t}, a_{2,t}, a_{3,t}\cdots a_{N,t}|s_t)-V(a_{1,t}, a_{2,t}, a_{3,t}\cdots a_{N,t}|s_{t+1})]$。在关于动态能力概念的后续著作中，Teece（2007）更加强调动态能力在"塑造"未来状态中的作用。从分析上来说，这可以用一个函数来表示，该函数将企业当前的属性向量和当前的自然状态，映射到未来的自然状态：$s_{t+1}=g(a_{1,t}, a_{2,t}, a_{3,t}\cdots a_{N,t}|s_t)$。

前面讨论了资产所有权和企业基本经营能力转变之间的对比，与之相关的是实现一组给定属性的成本问题。正如Barney（1986）和其他在企业资源视角下的学者所指出的那样，考虑战略要素市场很重要，其中"战略要素"一词，指的是构成企业绩效差异基础的那些属性，这些属性与商品投入形成鲜明对比，商品投入与绩效之间没有这样的联系。从形式上，这是一个函数：$c(a_{1,t+1}, a_{2,t+1}, a_{3,t+1}\cdots a_{N',t+1}|a_{1,t}, a_{2,t}, a_{3,t}\cdots a_{N,t})$。在之前关于实质选择权和时间压缩的不经济性的讨论中，我们提出的资源和能力的特权获得问题（Dierickx and Cool，1989；Hawk，et al.，2013），是该函数性质的基础。

最后，还有一个在讨论动态能力时通常不会提出的问题，那就是先验地评估可达状态的价值的问题。对未来可能状态的价值的信念，显然会影响企业当前的投资和行为，从而影响未来将实现的状态。我们可以将这些信念简单地看作是反映了世界未来可能状态的概率分布：$p(s)$。然而，还有另一个基本的考虑，那就是估值函数本身的性质：$V(a_{1,t+1},$

$a_{2,\,t+1}$，$a_{3,\,t+1}\cdots a_{N',\,t+1}\mid s_{t+1}$）。Winter(1987)将此称为"归因问题"(impu-tation problem)。虽然描述这样一个函数很简单,但它的性质却极其复杂。由于某种程度上的路径依赖,一组给定属性在时期($t+1$)中的值不仅取决于时期中自然状态的属性 s_{t+1},还可能取决于所有未来自然状态的值。路径依赖使企业的战略问题成为一个多阶段博弈。此外,如前所述,这是一个无限问题,Bellman(1961)称之为"维数灾难"。因此,前瞻性战略选择通常需要援引某种形式的估值启发式。这个问题在我们第 4 章的选择过程中有所体现。

动态能力:名词、动词和企业

虽然最初关于动态能力的研究(Teece, et al., 1997)在企业的资源视角中有其知识基础,但随后出现了一种更注重过程的观点(Eisenhardt and Martin,2000)。从概念上讲,在将动态能力的概念作为一个"名词"(促进上述五个属性之一的特定能力)与作为一个"动词"(与组织变革相关的过程)之间进行对比,是有帮助的。关于其名词式的特点,吸收能力(Cohen and Levinthal,1989,1990)将是这类属性的一个首选例证,因为吸收能力不仅影响企业在技术可能性变化时对其技术能力的转变,而且还影响公司对这种不断变化的可能性的前景作出判断的能力(Cohen and Levinthal,1994)。

然而,动态能力也可以被理解为一个过程,作为"动词"——能够影响企业战略和资源变化的可能性和价值的过程。这里要讨论的是后一个重点。组织学习的过程以及变化和选择的过程,会影响组织的适应性。组织执行此类流程的效率,可能会有所不同。将这些不同的流程组合称为"能力"(capability),是一种简单有效的表述。此外,还有一些属性,如联盟能力(Kale and Singh,2007),是"名词"和"动词"的混合。一家企业可能已经在其企业发展办公室内部发展了一个专门的职能部门,来识别和管理联盟,而该部门可能已经开发了一套流程、规则和例行程序,来有效地完成这项任务。

迄今为止,不管是用"名词"还是"动词"的方式来处理动态能力问题,都有一个重要局限:它们倾向于孤立地看待这些属性。然而,组织是复杂的适应性系统。一般来说,识别这样一个系统中的一个特定属性,并提出其对整个系统行为的影响,是有问题的。在一个层次上的快速学习可能会替代或否定另一个层次的学习过程(Levinthal and March, 1993)。例如,March(1991)表明,个体行为人的快速学习可能会降低整个组织的学习速度。

本着类似的精神,需要注意的是,企业重组能力的价值取决于这些重组所能发生的"养料"。Levinthal 和 Marino(2015)采纳了这一观点。他们提出了一个组织内部分层学习模型,目的是研究动态能力的更宽泛建构背后的不同元素之间的相互作用。特别是,他们指出,在个体惯例的可塑性所带来的灵活性,同更具可塑性的惯例在减轻组织内选择过程的有效性之间,存在一种适应性权衡。比起那些其个体实践本身易受变化影响,而无法可靠地受到选择和复制过程影响的组织,那些其固定的底层实践拥有丰富多样"养料"的组织,可能要更具适应性。

3.5 总结

路径依赖是一种关键的、但也可以说是理论化不足的建构,因为它已成为许多不同想法和过程的载体。本章试图对这一丰富的概念进行一些有益的解读。既约束又赋能组织的跨期联系,是组织的各种适应性特性的核心。路径依赖的最狭义表达是状态依赖的过程——在一个时间点拥有特定的资产存量,会影响到可在后续的一个时期达到的资产存量的分布,即使与组织变革本身相关的机制和组织变革本身的能力没有改变。发展,即一种组织形式如何随着时间的推移而展开的方式,可以改变这些动态。

围绕"动态能力"这一概念涌现出了相当多的文献。这一广泛的概念被分解为五个不同的方面:组织状态的可达性;组织面对自然状态变化时的稳健性;影响未来"自然"状态的能力;达到未来属性集的成本;对未来一段时间具有的一系列组织属性的优点进行评价的能力。然而,关于动态能力的论述倾向于将能力视为孤立的属性,而不是将组织视为一个复杂的适应性系统。作为一个复杂的适应性系统,孤立地为一个属性(如在这个系统中特定元素的学习速度)赋值是有问题的。以这样的方式将组织视为一个整体,并考虑组织内部和外部的各种过程如何影响组织的适性应动态,是本章提出的观点的核心。这一视角在我们理解第5章关于探索与利用之间权衡的讨论时,也会起到特别核心的作用。

3.6　附录:路径依赖、拱肩、等效性

管理理论化的核心"引擎"是某种形式的权变理论。这些理论的基本结构是,与给定的环境 E 相关联,有一个首选的组织形式 F,如果环境要转移到 E',通常会有一个新的首选形式 F' 与之相对应。同样,新古典经济学的主要分析手段是比较静态分析(Samuelson, 1947),人们通过一些外部(对决策者而言)参数的变化,来识别决策变量的定性移动。

路径依赖表明,对于给定的环境变化,没有一个普遍的最佳或适当的反应,相反,对这些变化的反应,一般取决于组织的现有状态。当组织内部存在某种形式的条件依赖性或相互关联性时,就会出现路径依赖。Wright(1933)在演化生物学中以"适应性景观"的框架介绍了这些想法。

如果从一系列基因型到相关表型适应性之间的映射,是一种多对一的关系,那么单个基因型的"转变"是否会增强适应性,可能取决于其他$(n-1)$个基因的属性。由于这种相互依赖性,适应度景观将具有多个局域峰值。Kauffman 和 Levins(1987)为 Wright(1933)的思想提供了一种分析式表述,随后 Levinthal(1997)将该表述应用于组织演化现象,并由许多学者进一步发展(相关综述,参见 Baumann, Schmidt, and Stieglitz, 2019)。

演化动力学过程的景观视角,包含着一种殊途同归的可能性,即性质上不同的形式可能产生相似的绩效回报或适应性。这种观点反对单一理想类型的出现。

多重峰值和可能不收敛于某种独特的主导形式的另一个含义是,会对各种"形式"的明确策略或首选实践的转移产生限制。实践转移本身就是一种广泛采用的管理实践,也是许多咨询业务的支柱。然而,认识到相互依存性,就要质疑普适最佳做法的存在。可以肯定的是,这一观点表明,转移或模仿的力量在很大程度上是存在"情境保存"的。转移实践中,情境保存的一个现成例子,是多单位公司内部的转移,特许经营制度就是一个突出的例子(Bradach, 1997; Sorenson and Sørensen, 2001; Winter, et al., 2012)。在同一个组织中,即使只转移了一项实践,也常常共享一个更大范围的集合。一种更强的"情境保存"形式,是当复制不是在实践层面,而是与在整体表型或形式相关的时候。本着这种精神,Winter 和 Szulanski(2001)强调了英特尔公司管理实践中的措辞和敏感性,即将半导体制造工艺"精确复制"到全部实践和工艺方面的管理实践中。

情境保存这一议题提出了对"搭便车者"的基因进行区分时的困难。这里的基因指的是如下两种特征:一些特征与关键属性相关,但本身并不重要;另一些特征或实践可能会起到重要作用,虽然其作用可能并不一目了然。Lansing(1987)对巴厘岛水神庙的考察,很好地说明了忽视人工制品(或"拱肩")(Gould and Lewontin,1979)和关键功能特征之间的联系会导致的潜在问题。在试图将绿色革命引入巴厘岛稻农中间的社会工程师看来,与广泛的水神庙系统相关的各种做法是不合时宜的。然而,正如 Lansing(1987)所表明的,寺庙和相关仪式实际上是保持农业系统肥力的核心协调机制。为使这一制度合理化和现代化而进行的善意干预,在很大程度上损害了这一丰产能力,而这种损害最终因恢复历史惯例而被消除。

路径依赖也会导致"低效历史"(March and Olsen,1984)。关于网络外部性的研究,强调了一种形式的"低效历史"(David,1985;Arthur,1989),这表明一批行为人可能会收敛于一种不太受欢迎的技术标准。Gould 和 Lewontin(1979)对圣马可大教堂拱肩的讨论,以及 Gould(1980)后来关于熊猫拇指的"故事",说明了一种不同类型的"低效历史"。古尔德(Gould)认为,进化过程的关键经验痕迹之一,是"设计"的效率往往低下。拱肩是建造拱形穹顶大教堂的工程和建筑问题的副产品,它利用了承重拱门的剩余空间(Gould and Lewontin,1979)。同样,虽然大熊猫在熊科动物中独一无二地拥有一个看似拇指的对生趾,但实际上大熊猫的"拇指"是由腕骨延伸端的生长和重新利用而形成的,并不是一个真正的对生趾(Gould,1980)。

因此,虽然达尔文式的过程常常被简化为适者生存的推论,但"适应度"并不组织所处环境或生态位的函数。首先,要考虑"内部"的适应度——实体的各种属性在何种程度上是彼此相容的,甚至可能是彼此加强的(Siggelkow,2001)。其次,还需要外部适应度,将当前的组织属性数列与绩效指标联系起来。这两个问题是相关的。增强外部适应度的变化是基于当前的一系列属性,而这些属性本身又是先前为增强适应度所做的努力的结果,这些努力进而又受到先前变化时的现有属性的影响。这种引导内部和外部适应度的联合过程,加剧了管理干预或更广泛系统的社会工程的困难，因为需要更广泛地识别那些可能与干预无关的特征（拱肩和搭便车基因），搞清楚哪些是有害的，哪些是有益的。

注　释

① 可以说，演化生物学领域本身也存在类似的发展空白，直到 20 世纪 80 年代，同源盒基因（对胚胎发育发挥关键作用的基因）的发现，促成了生物发育与演化动力学之间相互作用的研究的蓬勃发展——这在文献中被简称为"演化发育生物学"（evo-devo）（Arthur, 2002）。

② 与托尔比约恩·克努森（Thorbjørn Knudsen）的谈话对这部分内容产生了重要的影响。

③ 马克·吐温（Twain, 1897）的观察是，我们应该警惕对经验的过度解读。他举了一个例子，一只猫跳到热炉子上，它可能从这个经验中学到，不要跳到任何炉子上，无论是热的还是冷的，根据这个信念所指导的行为将永远不会导致信念的改变。

④ 一般被忽视的另一个问题是对这些分阶段投资的中期评估。这一问题将在下一章 4.2 节进行讨论。

⑤ 当然，这个问题的答案在很大程度上取决于是什么构成了一个"时期"的时间跨度，其中可达状态集随着这个时间跨度的增加而扩张。就目前的目的而言，考虑一些"中等"的时间跨度是有有益的，如一个财政季度或日历年。很短的时间跨度，比如一天，并不是特别有益，因为未来的可能性在很大程度上取决于当前的行为。在很长的时间跨度内，存在大量的可达状态。然而，在很长一段时间内，哪些见解可以引导组织进入这个巨大的状态空间的不同区域，将会成为首要的问题，开始凌驾于这些状态的可达性问题之上。

⑥ 注意，在这个公式中，属性的值可能会改变，属性的数量和类型也会改变。

⑦ 在这方面，区分企业的"状态"（此处由"属性"向量来刻画）和社会状态（在决策理论和经济学的正式模型中通常称为"自然状态"）是非常重要的（Savage, 1954）。此外，必须指出，"自然状态"应理解为包括其他企业的行动、能力和竞争地位。

4

选 择

　　创意、商业计划、场外活动和设计工作本身都不能直接从市场中获得回报,但是组织可以。虽然关于企业理论有大量细致入微的文献,但"企业理论"一词在经济学文献(Coase,1937;Williamson,1975;Gibbons and Roberts,2013)和行为传统(Cyert and March,1963)中具有非常不同的含义。在经济学文献中,该主题下的激励问题是公司边界的适当范围问题。在 Cyert 和 March(1963)看来,激励议程是对公司行为的经验性描述。随后的"卡内基学派"强调了搜索、解决问题和反馈学习过程的作用(Gavetti,et al.,2007)。在演化经济学传统(Nelson and Winter,1982)中,企业是能力差异持久存在之基础的核心载体,也是竞争动态管理中的选择力量发挥作用的对象。

　　基于这种演化的观点,关于组织的一个最基本的事实是,企业有盈利也有亏损,而个人一般来说却只收获奖励,这些奖励是通过组织的会计制度和激励机制获得的。从这个意义上讲，企业可以被视为一种信用分配机制（Holland，1975）。对管理学者来说，理解这些过程的本质是一个根本性的问题。在本章中，我们考虑了这方面的三个基本挑战：选择标准的多样性问题、相对于发展过程的选择时机问题，以及加总与选择的单元问题。

在营利性企业的视角下，人们可能会反对这一观点，因为"营利性"目标名义上似乎不需要考虑多种选择标准。然而，撇开利益相关者的分歧的问题不谈，即使是在营利性企业的视角下，企业净现值最大化的最高目标仍然留下了一个悬而未决的问题，即什么既可以构成最有意义和最可靠的指标，又与实现上述最终目标的进展相关。战略计划具有跨时间或"空间"（组织内的其他计划）的含义，这一属性对应于 Andrews（1971）关于"战略"和"战术"之间的经典对比。为了反映时间和空间上的联系的这些特性，在本章中，我们把对选择标准的考虑，同发展过程的时间安排，以及构成评价基础的加总单元关联起来。此外，我们认识到，组织运作的环境或背景本身就是一个选择的对象，而它又会反过来影响组织实践的反馈过程。

4.1　选择标准多样性的问题

对比一下基本要素（人、理念、惯例）的多样性和选择标准的多样性，是很重要的。虽然我们倾向于重视前一种多样性，认为其对创新和变革过程至关重要，但我们相对忽视了选择标准多样性的作用。选择标准多样性包括：关于是什么构成了对组织有益的工作的不同视角、旨在最好地实现既定目标的各种替代方法，以及这些潜在的不同视角对组织资源配置过程的影响。组织难以维持多种选择标准的原因在于，资源倾向于由组织内的等级权力结构进行分配。

我们对创新和变革的讨论往往强调多样性的作用。然而,仅有多样性显然不足以实现创新。按照 Kanter(1988)"让百花齐放"的比喻,如果一个组织只有一种"割草机",或者更简单地说,只有一种筛选标准,那么这种多样性就不会产生多大影响。这明显只是一种简便的表达,但重点是实验必须辅之以足够多样化的反馈机制和选择标准,从而为组织内部的选择过程提供信息(Adner and Levinthal,2008)。[①]组织内部的创新需要资源;因此,维持多样性需要持续为各种新兴工作提供资源支持。

我们从多个方面探讨选择标准的多样性问题。首先,反馈,无论是通过个体行为人的学习,还是通过一组实体之间的不同选择,都依赖于环境。因此,重要的是要考虑组织所面临的或潜在会面临的异质的环境。其次,组织的一个关键作用,是在总体结果、损益以及对个体行为人和行为的回报之间,进行调解。因此,将组织彻底视为一个人工选择环境(Levinthal and Warglien,1999)或信用分配机制(Holland,1975),是非常重要的。一方面是外部的结果或回报,另一方面是奖励和反馈在组织内的行为人和子单位中间的分配,组织在这两者之间进行调解的过程中,一个关键问题是选择标准的多样性程度。多样性可以通过资源分配的高度集中来缓解,因为单个行为人很难对替代方案具有"多个想法"。另外,多样性也可因众多行为人虽然名义上独立,实则高度社会化且思维趋同而减弱(Van Maanen,1973;Levine and Moreland,1991)。

学习过程是由反馈驱动的。因此,一个人所处的特定环境,严重影响着所收到的反馈。Christensen(1997)关于磁盘驱动器行业的研究,就是从这个角度来解释的。我们可以考虑一系列关于成本、处理能力、重量和功耗的性能特征,并根据所询问的客户群体的不同,在感知价值方面得到非常不同的反应。当提供更小更轻的驱动器时,台式机用户群体对此只是耸耸肩,而新兴的笔记本电脑生产商群体则对这种可能性充满热情。

37

企业及其产品在不同需求环境中竞争,这一事实一直是市场营销研究人员感兴趣的问题。然而,市场营销研究往往面临相反方面的问题,即忽视"供给侧"的考虑。这一传统提供了识别多样性需求的方法和技术、联合建模技术等;然而,这种研究往往隐含着一种假设,即企业在能够生产的范围内具有巨大的适应性。例如,市场营销方面的任务,是了解顾客能适应的啤酒口感的苦涩程度,以及可能与产品有关的理想形象,但是默认不存在啤酒酿造的问题,也不存在如何制出具有所需特性的啤酒的问题。

从学习和适应的角度来看,需求环境中的异质性,不仅告诉了我们如何确定所需的定位,而且还说明了在特定环境中,这些能力路径依赖式的发展,可能会产生何种新的能力。这些观点在第 5 章和第 6 章中都得到了扩展:前者认为,行为人之间选择标准的多样性,对于理解探索和利用之间的对比是至关重要的;后者讨论了间断变化,认为技术演化的关键时刻是向一个新的应用领域的转移(Basalla,1988;Levinthal,1998),还认为组织的人工选择环境的变化是组织变革的关键催化剂。

4.2 选择时机的问题

4.2.1 不可忽视的生存问题

一系列不同的考虑因素与选择过程的时间安排相关联,而选择过程与任一既定计划的展开有关。选择具有内在的短视性(Levinthal and Posen,2007)。适应性的评价,无论是组织行为人的有意识选择,还是企业外部的市场竞争或财务评估,都是基于项目或整个组织的当前实际。因此,选择对象的发展轨迹与选择的时机和强度之间的相互作用,对于选择过程最终如何发挥作用至关重要。[2]这种张力在管理上的一个突显表现,就是"实质选择权"的实际体现,以及新企业的发展和融资过程。此类困难可能涉及人们经常抱怨的"假阴性"错误,在这种情况下,短期的反馈并不是积极的,而事实上,正在展开的发展过程将导致一个有吸引力的结果。然而,组织也面临"假阳性"错误的风险,在这种情况下,早期的积极信号并不能很好地表明长期前景。可能出现的假阴性错误应该会降低关注"早期胜利"的热情;事实上,Levinthal 和 March(1993)认为,由反馈驱动的学习过程,可能是短视的重要原因。在这些假阴性和假阳性的双重挑战之间把握方向,是一个重要而艰巨的组织任务(Sah and Stiglitz,1988;Christensen and Knudsen,2010;Csaszar,2013)。实际上,Guler(2018)发现,对初创企业进行有效评估的能力,与风险投资公司的高回报率密切相关。

行为和结果之间的联系发生在不同的时间尺度上。一些行为,例如网络零售商的定价动态,将立即产生明显的后果。然而,即使是这种直接的战术行为也可能对后续时期的销售产生长期影响,甚至可能对品牌的声誉产生影响。对价格变化的即时评估(选择),只能反映近期销售变化的短期结果。对于许多从战略角度考虑的盈利计划来说,短期结果只是最终回报的影子。设计选择过程的困难在于,制定出能指向那些最终结果的短期指标。

在这方面,当人们看到关于组织学习的文献时,一个引人注目的观察结果是,这方面的研究在多大程度上探讨了在基本上无选择压力的环境中的学习问题。正式的组织学习模型往往具有这样的结构:培养具有不同学习策略或组织结构的组织群体,然后在进行大量学习试验后观察群体中各种组织表现的差异。然而,这些名义上以过程为导向的建模工作,往往忽略了通向那些业绩渐进线的路径。想象一下,如果学习不是在模拟模型的良性培养皿中进行的,而是在竞争环境中进行的,直到观察期结束,连生存都不是理所当然的,那么,这对备选学习策略的可取性意味着什么？

　　首先，一旦学习动态被置于有选择压力的环境中，表现好的学习策略意味着什么，就变得非常重要。一个好的策略，是能够在生存的条件下产生高预期绩效吗？这无疑是商业媒体的标准，它们倾向于颂扬回报丰厚、戏剧性的赌博式策略的优点。或者，一个好的策略，是会导致更高的生存概率吗？第三个选项，也是大多数组织学习模型中使用的标准，是在假定所有组织都能生存下来的前提下，各种备选策略的平均绩效。

　　选择过程的一个基本问题是，选择是发生在"移动目标"上（Levinthal and Posen，2007）。事实上，演化论点清楚地表明，只有在被选择的事物具有高度的稳定性时，选择才可能是"明智的"。然而，在创新背景下，即使发展过程远未完成，也需要进行选择过程，这是不可避免也是很正常的。③对于是否继续将资源投入到技术或产品的开发工作中，企业需要做出中期判断，而且往往不能等到其完全实现或失败之后。同样，资本市场，尤其是风险资本市场，需要对某一特定关注项目是否值得进一步投入资源进行中期评估。

　　发展的路径取决于更有洞察力的中期选择，即在充分实现它们的潜力（被寄予期望的最终的可能性）之前进行选择，这是因为开发活动的绩效与时间的相关性相对较高。如果早期的成功预示着最终的成功，那么中期选择就可以有效地发挥作用。然而，随着时间的推移，开发过程同时机的相关性程度可能会有所变化。Levinthal 和 Posen（2007）将开发活动（最初的活动集中在整个开发活动的一个方面，他们称之为技术发展子问题）与共同探索技术、制造、营销全业务体系的活动进行了对比。探索子问题的优点是它可以带来快速的早期性能提升，因此更有可能在早期筛选工作中幸存下来。但是，与整体发展活动相比，最初尝试优化特定子系统的这种搜索策略，往往会导致其绩效的相关性随着时间的推移出现降低。因此，虽然集中策略导致早期筛选活动的存活率更高，但是早期过滤过程不太符合整体系统表现的最终选择标准。结果表明,在没有选择压力的情况下,整体搜索策略的平均绩效较差,但在以生存为前提的条件下,整体搜索策略的平均绩效较高。关注模块化的优点的研究,往往忽略了这些选择和生存考虑。

这一观点的进一步含义是,引入生存问题会颠覆目前已确立的、关于如何管理探索和利用的动态过程的观点。搜索模型的标准结论是:在早期阶段,人们应该进行探索,以便更多地了解大量可能的行为;然后在一些知识发展起来后,再进行更多的利用行为。然而,这些分析同样没有考虑到企业的生存问题。年轻的、规模小而脆弱的企业,往往面临着严峻的生存问题。如果它们想生存下去,就需要利用它们对这个世界所拥有的任何一点智慧。可以说,探索适用于更富有、更成熟的企业;事实上,这一思想是由"松弛搜索"(slack search)的概念引出的(March and Simon,1958 年;Cyert and March,1963)。随着松弛搜索,超过抱负水平的绩效结果将推动更具创新性的探索性工作。

在这种情况下,中期选择往往是相当重要的,但却没有得到足够的重视,一个典型表现就是没有使用实质选择权来合理化和引导项目和资源分配。学术界和从业者们对实质选择权工具抱有很大热情,认为它可以解决企业应该如何管理其不确定的未来的问题,特别是在技术不确定的方面(McGrath,1997;Amran and Kulatilaka,1999;Trigeorgis and Reuer,2017)。然而,正如 Adner 和 Levinthal(2004)所说的,实质选择权并不像其支持者所认为的那样是万能灵药。适用于战略管理问题的实质选择权理论有以下基本结构:世界是不确定的,因此公司应该进行大量适度的"押注";而随着未来状态的显现,公司应该行使那些现在看起来很有吸引力的选择权,这些选择权是其早期投资的结果。Adner 和 Levinthal(2004)提出的一个基本问题是,在这个隐喻性的"第二阶段",公司如何知道哪些投资具有吸引力,哪些不具有吸引力。对于金融期权而言,观察金融市场当前的定价就足够了,而对于科技领域的实质选择权而言,就没有这么清晰明了了。

事实上,早期创新活动通常都会产生部分失败,或者乐观地说,只会产生部分成功。一种典型的情形如下:攻克技术难关的截止日期还没有完全达到,但已取得了一些实质性进展。潜在用户对该产品没有表现出明显的热情,但似乎对产品的功能进行一些修改就可能会使它具有相当大的吸引力。如果这是模式化的结果,它对管理行为和随后的资源投入有何含义?本着同样的精神,从实质选择权——它提高了最初对风险技术的"押注"的价值——的逻辑来说,关键在于退出和终止计划是真正可能的。然而,与波普尔关于假说检验的观点类似,我们只能证明假说是假的,但永远无法证明它们是真的:创新活动通常不能证明未来成功的可能性(Adner and Levinthal,2004)。相反,我们只能观察到技术目前的实施情况不能达到某些技术标准,或不能满足某一特定消费者群体的需要。这类失败并不能排除这样的可能:未来的技术可以通过采取一些不同的方法来满足这些标准;或者,企业能够找到一个不同的用户群体,他们会对当前的技术做出更积极的回应。这一潜在的永无止境的搜索之旅的问题,也在关于精益初创企业的讨论中体现出来,在这种讨论中,企业家被鼓励"转向"他们的成功之路(Blank,2003;Ries,2011),但似乎很少有人注意到一项创新努力存在彻底夭折的可能性。

为了维持实质选择权的分析逻辑,企业必须在创新的范围、技术方法、产品销售的市场,或许还包括时间等方面,设置严格的边界(Adner and Levinthal,2004)。然而,采用这样的边界有着巨大的潜在成本,因为它们使企业失去了利用那些意外发现的可能性,而这种意外发现在创新活动中是很常见的。因此,实质选择权可能适用于风险被明确界定的情况——对于已知的、可能的世界状态存在不确定性的情况——但在面对更加模糊的环境时就会出现严重问题。

4.2.2　在线与离线评估

企业行为理论的核心组成部分是有限理性的概念(Simon,1955)。[④]
相比新古典经济学所说的最佳行为人概念,西蒙提出了满意即可的(sati-sficing)决策者概念。此外,一组可供选择的行为,并不是假定在事前就已全部列出,而是必须被发现或搜索。企业行为理论的这个方面(March and Simon,1958;Cyert and March,1963),现在已经很成熟了。然而,在这一传统中,有限理性的另一个关键方面在很大程度上被忽略了,那就是备选方案一旦确定,将如何进行评估。

西蒙关于有限理性的观点中有两个重点。首先,在给定的选择设置中,只考虑所有备选方案的一个子集。此外,决策者可能面临这些可能的备选方案的相继展开,即使在所考虑的有限集合中也是如此。其次,他假设这些备选方案是通过一个简单的离散值函数进行评估,该函数可以区分满意和不满意的结果。从这个意义上说,西蒙用一个附加的约束条件,即是什么构成了选择问题的可行解决方案,取代了经济理论中常用的目标函数。但是不那么突显的,是这样一个问题(虽然在最初的讨论中有考虑):行为人如何评价提议的解决方案或备选方案?我们如何知道各种可行性约束条件是否得到满足?西蒙指出,对于某一特定备选方案是否会产生令人满意的自然状态,可能存在不确定性,但他建议,这种不确定性可以通过识别出一个不存在这种风险的新替代方案来解决。

然而,这一讨论指向了早期研究和这一研究脉络在后续发展中的一个重要空白。虽然搜索理念是企业行为理论的核心,但评估这些备选方案的机制却不那么明确。典型的适应性搜索模型具有以下特点。对可能存在备选方案的一些空间进行抽样。然后将这种"抽样"得到的结果与当前的现状和行为进行比较,或者在其他情况下与抱负水平进行比较。当备选方案的空间构成诸如价格等属性时,模型似乎不需要任何细化。但是,请考虑其他可能存在备选方案的空间,如可能存在新的工厂生产技术的空间,或可能存在配偶的空间。

当从这类"空间"中选择一种新的备选方案时,人们如何识别出一个令人满意的解决方案? 对可能的配偶或生产计划的快速检查,可能会发现某些可能适合的备选方案并不令人满意,还可能会发现一些基本的条件或标准被违背。然而,其他约束条件的满足程度可能并不那么显而易见。员工将如何应对生产过程? 该过程的可靠性如何? 同样,在未来多次的共餐经历中,这位被推荐的约会对象会成为一位令人愉快的伴侣吗? 他是否会通情达理,容忍你一系列烦人的习惯? 对提议的备选方案的评估,是企业行为理论中一个相对不成熟的方面。

为了提供一些结构来考虑这些问题,有必要区分"在线"和"离线"两种评估机制之间的差别(Gavetti and Levinthal,2000):在线评估是指只能通过实际试验的方式对所提议的备选方案进行评价;而离线评估是指在没有这种试验的情况下评估其价值。正如许多二分法一样,这种二分法既能提供有用的信息,同时也具有误导性。

这种区别显然很重要。一些可能性是通过思考来评估的——通过想象可能的未来,以确定应该选择哪一个备选方案(配偶、生产过程等)。有时候,这种思考是由各种分析推理工具来支持的,比如电子表格和便签簿。然而,这种二分法也很容易误导人。在这两个极点之间有一片巨大的灰色区域,大多数评估过程都发生在这个中间区域的某个地方。新的生产工艺不需要关闭公司的整个业务,用被提议的工艺取而代之。某一个工厂可以作为测试,而在其余的工厂中仍使用现有技术。在更多增量变化的情形下,生产过程中的仅仅一条生产线或一个班次,就足以作为评估提案的经验基础。试点工厂的运作规模,比备选方案最终证实的规模要小,但与全面采用备选方案相比,它可以用更少的成本和更低的风险对可行性进行详细考察。

在其他情况下，会创建一个"人工"环境，以评估所提议的备选方案，这一做法可以规避全面投入一项特定计划的风险。一种特殊类型的人工环境，用于测试新飞机性能的风洞，为在线和离线评估之间的边界提供了一些额外的见解。风洞允许工程师在各种条件下测试飞机原型所受的升力和阻力。不过，风洞的评价模式是可替代的。第一种方式，当然是要投入大量的资金来全面研制一架可工作的飞机，并承担测试这种飞机给飞行员带来的人身风险。第二种是认知路线：建立计算机模型，模拟建议设计的性能。随着基础材料和航空工程知识的提高，可以用离线评估取代更多的在线评估形式。但请注意，这实际上是一个程度的问题。计算机模拟以某种形式创造了自己的经验基础。它只是一个比构建物理工件成本更低的人工世界。最新的科技进展中，3D打印技术就有一个很有吸引力的特点，那就是这项技术从根本上降低了连接数字世界（拥有可能的形式）和物理世界（拥有特定的形式）的成本。

另一种不同的经验是他人的经验（March, et al., 1991；Miner and Hanuschild, 1995）。这种经验的优点是：测试过程不必打乱自己的活动；此外，在给定时间内可以探索的备选方案集可以非常庞大。当然，它的弱点在于这种过程带来的推断困难：通过观察一个潜在的恋爱对象与另一个人的相处，能了解到这个人作为一个潜在的伴侣会是怎样的吗？或者，我们再考虑一种也许不那么令人生畏的情况：其他工厂的经验能告诉我们自己的企业在新生产技术方面可能取得成功吗？我们可能更愿意在后一种情况下从替代学习中获得经验，但这可能部分源于这样的事实：我们中有更多人拥有前一种情境的经验，而没有作为工厂管理者的经验；并且，相比生产过程中的个体差异，我们对人际关系中的个体差异也更为敏感。

从某种意义上说，在线或离线搜索问题，与其说是一种分类上的区别，不如说是影响评估过程的成本、风险和可能的准确性的不同要素。

在线搜索通常会产生一种特殊的成本，即因没有采用既定选项而产生的机会成本。正是这种机会成本导致了人们经常提到的在探索与利用之间的权衡。评估所提议的备选方案而打乱当前业务的程度，进而又影响了这种权衡的痛苦程度。

在这方面，邻域搜索（March and Simon，1958）有一个明显的优点，因为它提供了一种有效的（虽然不一定是最优的）平衡，以满足那些基于行为的在线探索方式的需求。同时，邻域搜索通过搜索过程的局域性质，来利用关于世界的已有智慧。在探索和利用之间保持平衡的这种需要，主要取决于对提议的备选方案的评估过程是在线的还是离线的。因此，采用一种特定抽样策略的智慧，与这些样本的可能评估形式密切相关。我们对搜索过程的许多讨论，都会因为没有充分区分搜索过程中的这两个特征而受到影响（Knudsen and Levinthal，2007）。

4.3　加总的单元问题

来自卡内基学派的行为理论认为，组织是由反馈驱动的（Levitt and March，1988）：与积极结果相关的行为往往会得到强化，在未来的相似情境下更容易被重复采用；而与消极结果相关的行为，在未来的相似情境下不太可能被重复采用。但行为和结果之间的这种对应关系，是行为和结果所经历的加总水平的函数，这一考虑在文献中并未得到普遍强调或广泛探讨。活动的边界和范围，对反馈过程、适应性动态，以及选择过程的具体体现，都有重要影响。

由于选择过程是由组织调节的，企业的视野影响选择过程的进行。关于商业组织最基本的事实也许是，它们是一个总体单位，经济体通过它们分配了大量潜在的活动和收益。因此，组织的一个关键的特性是，企业如何在组织层面的总体结果与企业内部的基本计划和行为之间进行调解。适应性学习的基本引擎,是焦点行为和观察结果之间的反馈与联系(Levitt and March,1988)。当行为和结果彼此属于同一个局部,并且在"空间"或时间上更接近时,这种联系就更加强烈和明显(Levinthal and March,1993)。因此,在行为人之间强加或促进某种关系模式的结构,将以多种方式影响能力的发展。

多元化企业的逻辑是,企业各种元素之间存在着不可忽视的相互依赖关系。这种相互依赖反过来又对资源分配提出了挑战。企业战略文献中的一个长期存在的观点指出,在理解企业的成本驱动因素和客户价值方面,去平均化是一种具有强大作用的机制,通过这种机制,可以为资源分配创建更有效的基础,而加总程度更高的分析单元可能会掩盖异质性的关键元素(Ghemawat,2002)。同样,公司理财领域的研究表明,由于业务单元之间在激励上存在冲突,业务多元化公司往往会进行低效率的资源分配(Stein,2003)。然而,这些"去平均化"的努力,隐含着这样的假设,即作为资源分配过程中的基本单元的、各个个体部门和项目彼此独立,而这与多元化企业的基本逻辑背道而驰。

4.3.1 业务单元的分解与重组

在这方面,回到西蒙关于复杂性架构的经典著作是有用的(Simon,1962)。自然和人工设计的系统往往是近似可分解的,这意味着相互依赖不是分散和广泛扩散的,而是倾向于集中化和局域化的。将子系统视为独立系统可能是一种有用的简化或虚构,但战略家必须认识到这是虚构的。从认知的角度来看,把系统作为一个整体来看待是不可能,也是不实际的——事实上西蒙建议,无论系统实际上是否近似可分解,我们都需要把它们视为可分解以便于理解。但是,需要再次强调的重点是,即使我们不必完全处理所有相互的依赖关系,也要对它们的存在保持一定程度的留意，并认识到任何严格的分解，都可能是对更复杂现实的一种方便的虚构，而在现实中，即使在被视为不相交的子系统之间，也存在某种程度的相互联系。

组织结构和预算系统起到类别结构和分解的作用。公司战略的关键杠杆，基本上是将各子单位之间的相互依存关系进行分类，并对这一系列的活动集合进行平均和去平均的方法。例如，以雷金纳德·琼斯（Reginald Jones）领导下的通用电气为例，他在麦肯锡（McKinsey）的帮助下发展了战略业务部门的子结构（Joseph and Ocasio, 2012）。琼斯认为，通用电气现有的"粗粒度"的业务结构，无法让他真正了解基础业务，也无法在这些业务之间明智地配置资本。为此，他发展了更细粒度的战略业务部门结构，以解决这一问题。一旦我们认识到，任何给定的结构安排，在体现相互依赖的真正结构时，都不可避免地存在缺陷，这就表明我们对任何现存结构的怀疑都是合理的。

这些观点表明，我们不应过多地聚焦于确定柏拉图式的理想结构，而应认识到任何给定结构的缺陷，并对活动重新拆分组合可能具有的价值持一定的开放态度。相对频繁的重组模式，通常被视为组织生活的一种病态，是管理失败或反复无常的症状。尽管可能会出现设计不合理或执行时的"易变性"，尽管可能需要新的管理者来推行某种组织结构，但组织结构重组还是可能会发挥一种职能作用。⑤

去平均化有助于挖掘新的、潜在的重要投资机会，这些机会可能隐藏在一个更大的预算单元中。事实上，鼓励"拆分"部门以应对新兴技术，这是克里斯滕森（Christensen, 1997）在其关于成熟企业如何有效应对"破坏性"技术变革的研究中提出的主要规范性建议。去平均化还有助于识别组织内的低效率，并有助于实现成本结构的优化。这是基准制定工作的一个核心前提，即将某一具体业务流程与更广泛的业务系统脱钩，并检查这一特定的、孤立的流程的业绩，将其与核心企业或其他企业的类似流程进行对比。

平均化和更粗粒度结构的主要好处,是将具有高度相互依赖性的共同预算单元的活动联系起来。这些活动在一个更细粒度的结构中,由于具有特定的行政和(或)会计分解,将产生外部效应,即在企业某个单位内作出的选择会对企业其他单位造成影响。鉴于从动态视角处理这些问题的重要性,在某一时点上,为了让管理者实现潜在的范围经济,并学会管理这些相互依赖关系,在相对粗粒度的加总水平上经营可能是有用的。在确定了这些联系并开始制定规则和程序来规范它们的协作后,"规模"可能会发生变化,而企业通过降低这些业务活动的平均化水平,以增强激励措施并明确企业资本的最佳使用方式,可能会实现更好的经营。

总之,从根本上说,企业本质上是在更广泛的经济体系中对经济活动的分解。在其自身范围内,企业必须进一步分解或去平均化,以便在协调需要、强有力的激励措施和适当的资本分配之间进行权衡。商业战略和企业财务方面的研究正确地强调了在资本分配过程中去平均化的回报。与此同时,我们不能忽视企业在协调经济活动和对企业各方面的相互依赖关系进行管理中的作用。如果缺乏强烈的相互依存关系,市场和价格体系就会成为提供激励、协调和配置资源的有效手段(Baldwin,2007)。作为近似但不是完全可分解的系统,任何业务分类都将是不完善的,或者换句话说,不符合相互依赖关系的基本结构。因此,在确定适当预算单元的过程中,不可避免地必须权衡激励的强度和资本分配,使其或多或少地与商业机会的基本结构相一致,从而实现这些机会之间协调和联系的潜在好处。

4.3.2　组织和多层级选择

除了在空间上相互联系之外,另一个基本的事实是组织具有层级结构。这种层级结构开辟了在多个层次上进行选择的可能性。具体而言,虽然选择的力量作用于整个组织,组织本身也在其界限内选择各种元素。本书引入了组织内的人工选择环境这一术语,以将这种公司内部的选择力量与市场力量的"自然"选择环境进行对比。一些项目被缩减,另一些则被扩大规模。部分产品走向全球化,部分产品得到补充。这种内部选择过程本身,很可能是由稳定的经营惯例所驱动的。例如,Burgelman(1994)观察了英特尔如何根据产品的利润率不同,将制造设施分配给公司内部的不同产品线。相比之下,研发资源的分配,是基于企业的战略构想。当时英特尔自视为主要是一家"内存公司",内存组件是公司的关键技术驱动力。因此,该公司将产能转移到利润率较高的逻辑芯片上,同时继续将大部分研发资源投入到内存产品上。因此,公司将生产能力方面的外部选择压力内在化,但就其研发活动而言,内部选择环境与外部环境是松散耦合的。

管理学文献中充满了故事。这些故事表明,在组织对计划的评价,与外部环境的某些方面对这些计划的评价之间,存在紧张关系。典型的传奇故事是这样的:一个主动性很强的经理(可能担任技术专家或营销人员的职务),他为组织确定了一个有前途的新计划,随后由其上级进行评估。该评估可能基于上级对外部市场的感知和该计划的可能回报;或者,评估的决定因素是基于上级如何理解提案与公司战略的契合程度。

我们来考虑一下反馈过程和该过程中隐含的选择标准。评估的依据之一,是对市场的未经检验的信念。除非从别人那里间接学习到相反的证据,否则这样的信念会因为没有被检验而持续存在(Weick,1979;Denrell and March,2001)。另一个选择标准对应于同组织现行政策的契合度,更广泛地说,是同组织自我观念的契合度(Prahalad and Bettis,1986)。这样的选择标准不太可能引入新事物,或成为组织变革的源泉。

因此,各组织难以维持选择标准的多样性,其根本原因是,资源往往由组织内的一个单一权力结构分配。虽然一个大型组织可能有足够的资源进行多点"下注",但控制资源分配策略的个人不太可能有多个头脑。此外,虽然组织内部可能存在相当多的意见分歧,但通常存在一个占主导地位的政治联盟(March,1962),该主导联盟的观点很可能会推动资源分配策略。

将此特征与各种组织构成的群体进行对比。即使个体组织只会对给定的机会进行单一的"下注",组织群体中也可能存在巨大的多样性。虽然可能会有一些压力要求它们采纳其他更受尊重的组织的观点,但个体组织可能会从其环境中获得十分独特的反馈,而这种不同的反馈可能会导致它们对同样的业务机会产生不同的看法。事实上,企业家们离开上一家企业的动机,往往来自他们无法说服该企业去追求一个他们认为存在巨大前景的机会,因为这与一种激励因素有关,即为自己谋取与该机会相关联的预期回报(Klepper and Thompson,2010)。

从概念上讲,一家企业可以使用威廉姆森(Williamson,1985)所谓的选择性干预,并复刻众多独立组织的优点。然而,正如 Freeland 和 Zuck-erman(2018:157)指出的那样,威廉姆森承认"由于高层管理人员总是保留法定权利,他们面临着策略性和机会性地使用这些权利(以及从监督机制中收集到的信息)的持续诱惑,尤其是针对低层员工"。应对决策权下放的难题,方法之一是将其视为一个"序贯理性"(sequential rationality)的问题(Selton,1975)。[6] 企业总部很有可能对企业的适当方向和个体计划的相对前景有自己的观点。当面对一个既定的融资决定时,它不可能承诺"抛弃"企业的信念结构,或不按照其行动。

相比之下,致力于某种形式的去中心化结构或预算自主,可能会限制核心人物将自己的观点强加于人。从某种程度上说,组建一个新的、不同的组织,从企业总部的权力结构中解放出来,是应对这一难题的结构性解决方案。或者,也可以设计承诺机制,从序贯理性的角度抑制导致选择性干预的冲动。在组织内部,一种机制是放弃预算权力。当企业允许某一个子公司的运营预算中的一小部分由其自行决定使用时,通常会出现这种情况。3M公司,以及最近的谷歌公司,都因为在管理者个人的层面建立了这样的机制而受到关注,公司的管理者个人可以自由地花一部分时间去追求他们认为有价值的创新(Iyer and Davenport,2008)。这种方法的局限性在于,成功的创新计划在财政上可能无法自给自足,因此最终需要补充资金。然后,人们又回到原来的地方,即必须使某一计划的优点得到某个中央权威的信任。不过,当评价再次回到权威那里时,计划已经进入某种程度的发展,因此将不再是一个抽象的说辞,而是白板上的一线曙光,初始的想法将得到更多的实质性支持。因此,组织的固有等级制度(Michels,1915)限制了单个组织(无论其规模大小)所能维持的多样性。⑦

4.4 外部环境的选择和塑造

行文至此,孟德尔式情境设计者的描述已经给出,其重点是分析企业的内部环境——角色、结构、目标、激励、筛选标准,这些都是管理者可能在组织内制定的。然而,组织及其孟德尔式管理者们,也可以影响公司运营的环境。有两种基本机制会产生这种影响:其中一种可以被视为"选择"效应,即选择组织经营的环境——组织参与的市场、关系网络等;第二种机制可以被认为是一种"治疗"效应,关于组织如何影响其环境,无论是通过直接的机制,如游说监管部门,还是通过采取行为催化某些集体行为的方式,间接影响环境。

这种对特定市场和生态位的"选择",影响了企业收到的反馈和它感知到的激励。企业应该服务于哪些市场?企业内部应开展哪些活动?企业应建立哪些类型的外部联系?这些选择提供了管理上的自由裁量权,以决定企业能力集的演化路径。企业的能力和市场地位,会因产品市场活动而体现和完善,或因产品市场活动的欠缺而衰退。因此,一家企业所服务的特定子市场,将产生一套独特但不一定是唯一的能力。这些能力或许并不直接来自当前的经营活动。然而,企业进行各种投资的动机,以及企业内部可能影响这些决策的政治力量,却并非与其当前的市场活动无关。

与对特定环境的反馈作出可能的适应性反应相比,选择经营的市场环境是一种更高层次的适应形式。这两者间的对比在某种程度上类似于 Argyris 和 Schon(1974)对一阶和二阶学习过程的区分。对服务特定市场的能力的影响,类似于一阶学习过程。虽然不是自动的,但一阶学习过程是现有结构的直接结果。无论是选择新的子市场、新的客户关系,还是新的内部组织结构,管理层通过建立一套新的联系,为企业的能力和更广泛的竞争地位的发展确定了新的方向。有先见之明的管理者,在决定进入哪些行业或新兴领域,及哪些客户可能有助于企业进一步发展时,会提前考虑和预测这些计划的结果。因此,在选择服务于哪些市场时,企业是在对共同发展演化过程进行下注。企业不仅要考虑其当前在该领域的竞争能力,而且要考虑参与该特定行业或子领域将如何影响企业未来的能力。

或许,对公司能力发展影响最大的市场和顾客的基本特征,就是它们的增长率。企业是否为快速增长的客户和细分市场提供服务,从而不仅为销售额的显著增长提供了基础,还为节约成本、提高效率以及激励创新提供了可能的机会(Klepper, 1996)?此外,前沿客户可能会使企业接触到先进的技术和产品(Von Hippel, 1988)。这里提出的前沿客户的作用,类似于 Porter(1990)对于同各国行业绩效相关的需求因素的讨论。Porter(1990)指向了母国需求的两个关键属性:一个是时机,每国对某一类新产品或新服务的需求是早还是晚;另一个是新产品或新服务的成熟程度，以及客户对质量要求的程度。这些因素影响组织沿着其演化发展轨道前进的速度和方向。

4.4.1 塑造

Gavetti 等（2017）在"搜索"和"塑造"之间做出了重要的概念区分：前者是在现有的竞争格局中找到相对有利的位置；后者是采取行动改变竞争格局本身的某些属性。这里考虑了三种不同形式的"塑造"。首先，企业是更广泛的技术和经济系统中的一个节点，任何一组与企业属性相关的价值，都需要从这个更大的系统层面来理解。这种考虑的一个基本表现方式，是意识到互补性的存在。例如，如果串行总线的容量限制了整个计算速度，那么一个更快的微处理器可能没有多大价值（Ethiraj，2007）。针对生态系统的研究突出表明，这种相互依赖性可能存在于价值创造的方面，而不仅仅是物质产品本身（Adner，2012）。意识到这些相互依赖关系，就可以为创新活动指明首选方向（Ethiraj，2007），同时有助于解决连接和引入必要补充，以支持公司产品的结构难题（Jacobides et al.，2006；Adener，2012，2017）。

"塑造"也可以采用重要的认知维度。一条重要的研究路线指向类别定义的规则和合法化的规则（Wry, et al.，2011；Pontikes，2018）。社会学家早就注意到了社会建构过程（Berger and Lucmann，1967）是如何在社会中创造意义的，特别是如何赋予价值的，无论是关于美学（Sontag，2002）、音乐类型（Phillips，2011）还是食物（Rao, et al.，2005）。这些意义创造的过程，不受个体组织的影响。这一点在创业和市场创新的环境中，或者一个新类别的"诞生"中，尤为明显（Santos and Eisenhardt，2009；Wry, et al.，2011）。就像 Carroll 和 Swaminathan（2000）在文献中所论证的那样，即使是已经建立的市场类别，也可以被重新定义：这一文献中提到的精酿啤酒商，在更宽泛的酿造行业中定义了一个独特的生态位，由其生产过程的性质、技术特征和本土化程度所定义。这一生态位的关键，并非是这些技术或市场定位，而是人们努力围绕新形式形成的集体身份认同。

不仅企业的制度环境会影响企业的一系列经营活动，而且企业的经营活动也会影响其制度环境的性质（Ahuja，et al.，2018）。这已经在以下这些方面得到了讨论：标准制定（Ranganathan and Rosenkopf，2014）；对备选组织形式的合法性的质疑和支持（Hsu and Hannan，2005）；组织实践（Myer and Rowan），1977；Fligstein，1985）；产品市场类别（Pontikes，2018）；企业生态系统的设计（Adner，2012）；以及与广告和品牌标识在需求中的作用相关的一些更传统的问题。

在考虑组织外部环境的内生性问题时，面临的困难之一是组织环境的可塑性程度如何？虽然一个组织可能会影响其需求环境和制度背景，但这些结构存在相当大的刚性和路径依赖性。一个组织不是在"空白的画布"上运作，而是在由其他组织和一些根深蒂固的体制结构所构成的背景中运转。此外，有影响力的工作往往是某种程度的集体行为的结果，体现了一系列行为人之间的共同利益。例如，在潜在顾客中将风力发电作为一种合法化的替代能源、与监管机构合作以取得支持将其纳入现有电网，并应对技术和环境挑战，符合有兴趣开发和追求这一机会的广泛行为人的集体利益（Sine and Lee，2009）。因此，在评估是什么构成可供选择的外部环境空间中的"相邻可能"（adjacent possible）[8] 时，我们需要留意现有的行为人和制度结构的配置。

4.4.2 是什么造就了好的生态位？

人们一般认为，环境问题是组织必须应对的制约因素。环境被视为一个"铁笼"，迫使组织遵守规则。虽然这种观点有一定道理，但环境在某种程度上也是可选择的。既然存在这样的选择，那么问题就来了：什么是更好的选择？什么是更糟糕的选择？这里涉及环境或生态位的三种特性：契合度、反馈性和可改变性。

关于战略的文献中，契合度是的经典的考量（Andrews，1971）。我们鼓励战略家们根据可能的市场环境来分析公司当前的优势和劣势。有关多元化的文献采用了类似的敏感性指标，强调利用现有能力和资源进入其他环境。本质上这都是短视的考虑，很容易被贴上"利用"的标签。这并非是不值一提的考虑，与更一般性的利用行为一样，它对组织的中短期生存和绩效至关重要。然而，根据探索与利用之间的权衡，选择环境以最大化当期契合度，不太可能拓展长期的生存前景。

因此，除了这些可能构成有利环境的标准考虑之外，还有动态的契合度考虑。首先，什么样的环境在未来会是相对有前景的？在考虑这个问题时，我们必须认识到，这一前景并不是押注于某种来自外部的、具有决定性力量的"命运之轮"。相反，一种环境值得期待，是因为它具有一种由固有属性组成的联合属性，以及塑造环境的可能性，这种可能性既可以来自组织本身，也可以来自与其他实体的合作。此外，还有一个问题，那就是什么样的场景可以在一定程度上产生未来的能力。因此，对生态位的选择，实际上是一种共同演化的下注行为，赌的是生态位可能提供什么机会，以及生态位可能产生什么样的能力和资源轨迹。

因此，组织本身不仅是一个复杂的适应性的系统，而且还存在于由其他组织和制度构成的更广泛的生态之中。在这个更广泛的生态系统中，不同的生态位不仅提供了完全不同的、潜在的选择压力，而且这些不同的选择压力又反过来作为不同的反馈基础，可能会影响特定组织的适应进程。此外，组织经营其中的这些生态位空间并不是惰性的，它们表现出的变化也不是外生于组织行为。虽然这些影响过程并不是决定性的，而且相关行为人对其了解可能甚少，但这些外部环境在某种程度上是可塑的。这种"相邻可能"的生态位，在某种程度上既是组织的选择，也是组织的塑造。

4.5　总结

有人认为,组织的基本作用是在其外部环境中的选择力量与内部的具体计划和行为之间进行调解。这种"调解"的关键属性包括:组织制定的选择标准、选择过程的时间和强度,以及选择过程运行的单元加总水平。选择通常不是基于某些一维的标准,如"契合度"或企业的盈利能力。即使在组织内部就一个最高目标(如盈利能力)达成共识,将该目标投射到位于特定时空背景下的特定计划(在企业更广泛的计划集及其子结构中的位置),也是有问题的。选择不可避免地必须根据更广泛目标的各种不完善指标来进行。这种选择标准的多样性,是文献中被忽视的一个多样性的方面,文献主要关注的是基本计划和行为的多样性程度。开明的孟德尔式管理者需要创建一种结构和流程,使其能够认识到单一视角的固有局限性,并缓解他们在内部选择过程中可能施加的过度干预。此外,孟德尔式管理者会选择组织运作的情境——这些情境能够提供独特的反馈和选择压力——还可能塑造和影响这些情境。

4.6　附录:人工智能的选择——事前智慧和基于模型的学习

本章介绍了这样一个主张,即组织可以被视为一种"信用分配"的机制,该机制在以下两方之间进行调解:一方是在组织及其环境之间所产生的结果;另一方是在组织内的各个个体和计划之间分配的奖励和资源。鉴于这一观点,有必要参考与这一问题相关的人工智能领域的大量工作,特别是人工智能领域的不同工作部门如何让计算机算法生成动作和决策,如何对这些动作和决策进行评估。

自 20 世纪 60 年代初问世以来,人工智能的发展有两条基本路径。在其中一种发展过程中,假设存在一些预先存在的知识,其困难是开发一个能够可靠地运用这些知识的程序。在该方法早期的研究中,内韦尔和西蒙(Newel and Simon,1972)作为最初的贡献者,努力通过协议分析编码专家的专业领域知识。专家的决策规则被编码为一系列"如果-那么"的规则,而更广泛的研究工作采用了"知识工程"(knowledge engineering)的方法(Feigenbaum,1978)。

随着神经网络的发展(Rumelhart and McClelland,1986),一种非常不同的方法出现了,但是这种方法仍然建立在事前对专业领域有清楚认识的基础上。这种方法被称为"监督学习"(supervised learning)。在这种方法下,神经网络在训练数据集上进行训练,例如,对乳房 X 光片图像进行临床评估,以确定图像是否与肿瘤的存在有关。计算程序在这个问题上被训练,随后在一个固定的样本上进行测试,以评估其性能。

西蒙和他的学生开发的知识工程方法,在一些重要的方面和神经网络的方法有很大的不同。知识工程包括将专家的可能的默会知识显性化,并在计算机代码中明确表示该知识。神经网络不需要或不产生任何明确的因果模型或理解;相反,它在刺激的特征(本例中的乳房 X 光片)和结果(是否存在肿瘤)之间,生成一组复杂的关系。然而,有一个已知的"真理",用来判断计算机的算法,因此被称为"监督学习"。从这个意义上说,监督学习和协议分析都有事前的专业知识。接受过评估乳腺 X 光照片训练的神经网络,并不试图窥探医学专家的决策过程,但它依赖于医学专家对培训和评估过程中使用的每一张图像的临床评估。虽然神经网络的基本结构早已确立,但它们的优势和重要性,有待于计算机算力的成本和可用性来补充更新,更重要的是,需要大量数字数据库的可用性,这些数据库可以训练和测试这些算法。

在人工智能发展的最早期(Samuel,1959;Minsky,1961),同时出现了另一种方法,它扩展了操作性条件反射的经典方法(Skinner,1957),并消除了或有效地内生化了"培训者"。即使在有些任务环境中,状态的表示是有限的,如国际象棋等棋类游戏,其可能状态的数量也足够巨大,从而使穷尽搜索无法实现最优结果。Samuel(1959)提出了 Minsky(1961:19)所说的"期望强化"(expectation reinforcement)机制。更具体地说,游戏中每一步,都通过与这一步相关的即时奖励,和对这一步所引向的位置的估值,而得到强化。然而,这种方法的一个关键特征是,这些"估值"本身是一种习得的属性,它基于游戏的最终结果[塞缪尔(Samuel)的西洋跳棋程序中的赢、输或平],更重要的是基于给定游戏中的玩法(对特定位置导致的新位置的估值)。正如 Denrell 等(2004)所提出的那样,这种方法允许一种"自助抽样"(boot-strapping)的认知模型,或对问题域进行某种描述。

信用分配的过程,或者一些人所谓的"执行者-评论家"(actor-critique)模型(Holland, et al., 1986),具有"孟德尔式"的特征。评估不仅基于直接试验,而且基于针对执行者的评价函数。此外,这种评价功能本身是通过特定情境以及跨情境的经验而发展变化的,该过程的有效性取决于解释情境时所依据的分类模式的质量,这是学习系统中的另一个元素。由 Sutton 和 Barto(1998)开发的时间差分法被用作基本的"引擎",通过它,这些评价函数被建模为能够不断演变。时间差分本质上是动态规划的递归逻辑的一种行为变体。在动态规划环境中,执行者的当前评价函数取代了与后续游戏中指定的任何状态相关的最佳值,并且该评价函数本身会在给定游戏的整个过程中,以及在多个不同游戏的过程中被加强。

人工智能研究的另一个方面,是"无监督学习"(unsupervised learning)。这里没有"结果";而只是评估输入数据本身的底层结构。这种方法的变体已经进入管理文献(Hannigan, et al., 2019),作为一种从丰富的文本数据基础结构和关系中提取的方法。在"深度强化学习"(deep reiforcement learning)(Krizhevsky, et al., 2012)的标签下,一种混合了无监督学习和强化学习的方法得到发展。当问题域的状态空间变得相当大和复杂时,如果强化过程是基于对特定状态的访问为基础,那么强化学习效率就会变得越来越低。在广阔状态空间中的强化学习,得益于同时进行的一般化努力。这种双重方法在早期的一个重要例子,是 Tesuaro 和 Sejnowksi (1989)的双陆棋游戏程序,该程序使用无监督学习来表达双陆棋游戏的状态空间,并使用强化学习过程来展示基于状态空间表达的、游戏中相对有利的走法。当人们转向更具挑战性的情境,如自动驾驶车辆时,这种表达上的挑战与强化学习过程的融合就变得更加关键。是否可以将某些类型的缓慢移动的群体视为一个称为"人类"的类别,并且,在确定其类别表达的情况下,车辆向前移动的合理速率是多少,才能使其在更接近目的地的同时,保持与该缓慢移动的群体相交的可能性最小。此外,这些算法通常以"离线"和"在线"的方式进行评估:初始训练期基于模拟的交通环境;然后在更自然的环境中测试更精细的算法。

机器学习的研究,与我们在第 2 章中对选择模式的描述,以及与我们在总体上确定的一个介于"理性"神明般的选择观念与达尔文式的盲目变异和选择过程之间的一个孟德尔式的"中间地带",存在有趣的相似之处。知识工程的早期努力可以解释为试图捕捉专家的智慧,尽管与通常的理性选择观念相反,专家通常被视为具有隐含的启发式算法,而知识工程的大部分研究是要将这些隐含的启发式算法表现出来。虽然从知识工程和创建计算机算法的研究角度来看,专业知识是先验存在的。然而,业内专家的知识是一个既吸收已有的成文知识,又从大量直接经验中得出推断的过程。从孟德尔式的视角来看,信用分配和"执行者-评论家"模型特别有趣,具有启发性。评价函数指导短期的强化学习过程,但是,这个评价函数本身会随着时间的推移而演变。对评价函数的强化,既是一种内部有效性(当前模型和信念驱动的行动,是否会导致当前模型认为有利的结果?),也是外部环境反馈的外部有效性。信用分配机制的"人工选择"指导着行为,但信用分配的基础被视为一种知情的推测,其本身可能会随着时间的推移而改变。从这个意义上说,我们的孟德尔式行为人是学习和选择过程的向导,但对于这些指导方针中的任何特定形式的智慧,我们这位向导都是谦逊的。

注 释

① 另一种不同的机制是"松弛"的作用(March and Simon,1958),或将单一的筛选标准不严格地应用(Knudsen and Levinthal,2007)或不完善地实施(Puranam,2018)。

② 有人可能会说,选择的力量可以通过关于这种发展轨迹的信念或迹象而发挥作用;然而,关键的特性仍然是,那些为这些中期评价提供信息的属性,需要以某种方式显示出来。

③ 事实上,在组织行动方案众多的背景下,人们可能会认为,没有一个事先存在的、不变的最终状态,相反,这些计划将继续下去,直到未来做出终止或重新定向的决定。

④ 本部分内容来自 Gavetti 和 Levinthal(2000),以及 Levinthal(2002)。

⑤ 这里提出的"易变性"(fickleness)概念不同于 Nickerson 和 Zenger(2002)提出的"效率易变性"的概念。他们的论点表明,理想的组织形式介于任何纯粹的形式(如职能结构或产品导向结构)之间。本书的建议是,没有理想的形式,一种形式只是做出了不同于另一种形式的妥协和权衡。基于这种精神,Ethiraj 和 Levinthal(2009)指出:随时间推移在一组简化的目标之间转换,其中任何时间点上明确表述出的目标只是收益的全部决定因素的一个子集,这相对于拥有一个固定的目标结构而言,更有助于适应性学习,即使那个固定结构包含了所有的绩效维度。

⑥ Selten(1975)提出了"序贯理性"的概念,作为对纳什均衡的改进。关键的区别在于,Selten(1975)对策略互动进行了扩展型处理,他考虑了

参与者在博弈树中每个点上的决策。处理参与者整体策略的纳什均衡，可能不是序贯理性的——当参与者在博弈过程中遇到选择的情形时，他们可能发现执行与纳什均衡相关的行动并不符合他们的利益。

⑦ Puranam(2018)对等级制度的副产品是多样性的丧失一说，提供了一种有趣的反驳，认为在层级结构导致控制和信息损失的情况下，由于操作控制的丧失，层级结构将带来更少受到集中指导的搜索和选择过程。

⑧ Kauffman(2000：142)将"相邻可能"描述为"所有那些不属于实际分子种类、但与实际分子种类只相差一个反应步骤的分子种类"。

5

探索与利用

探索与利用之间的权衡抓住了演化系统中的根本矛盾（Holland，1975），并且已经成为我们思考关于组织学习与组织适应这一问题的核心（March，1991）。组织必须进行不确定的投资，以创造更有希望的未来，同时，它们必须分配资源，以确保在短期选择压力下生存。这些显然是我们理解组织适应的核心理念。

产生这种矛盾的根本原因，是与探索行为相关的机会成本的存在，因为从事探索活动，组织需要放弃利用其当前信念和能力的益处。如果搜索（或探索）纯粹是一种线下活动，用前一章关于选择的话来说，就会有一个关于学习和搜索的期望投资的问题，但这种讨论与关于其他投资活动的讨论没有根本区别。事实上，探索是一种"在线"活动，需要放弃其他活动，而从当前的角度来看，这些被放弃的活动是优越的，这导致了当前表现和可能的未来回报之间的对立关系。根据对选择的讨论，组织有效运作于选择环境中,而这种选择环境的强度成为探索行为未来可能收益的贴现率,因为要收获这种探索的果实,组织必须生存到那个时点。

长期以来,人们一直在考虑,如何在借助探索性行为的学习投资和对当前信念、认知的利用之间,取得最佳权衡(Gittins, 1979；Berry and Fristedt, 1985)。这种"理性探索"行为,似乎与我们通常关于探索的讨论不一致。事实上,March(1991:71)区分了他所说的关于探索和利用的"显性"和"隐性"选择,并指出:

> 组织会在[探索和利用]两者之间做出显性和隐性的选择。在经过计算的、关于备选投资和竞争战略的决策中,可以发现显性的选择。隐性的选择埋藏在组织形式和习惯的许多特征中,例如,在增加和减少松弛的组织程序中,在搜索的规则和实际做法中,在设定和改变目标的方式中,以及在激励系统中。

在关于探索的很多论述中,我们通常会提到 March(1991)所说的这些"隐性"选择——不是完全计算好的收益和成本的权衡,而是一种更松散的利益意识,甚至是对可能会激发行为者行为的规范和价值观不那么有意识的反应。关于探索的构成,我们采用了这种不是完全基于计算的敏感性。此外,虽然实证工作通常将探索视为偏离先前行为模式的行为(Lavie, et al., 2011),但在概念上,我们经常将探索称为一种"策略"。如第 2 章附录中所述,把与探索和利用相关的信念、行为和策略看成完整"三位一体"是非常重要的,该策略在 Softmax 算法模型中通常用"温度系数"表示(Holland, 1975；Posen and Levinthal, 2012),它在这些信念和行为之间进行调解。对于一个给定的关于搜索的"策略",将根据行为人信念的严密或松散程度,采取或多或少新颖的行为。因此,如果行为人的环境发生变化,从而导致信念变得更加松散,即使在固定的搜索策略下,也会导致更多的探索(Posen and Levinthal, 2012)。

与作为行为的探索和作为策略的探索之间的区别相一致,与我们通常提出的更机械的"跳远"或"瓮中取物"比喻相比,对过程采取更具行为人中心视角的考虑是有益的。探索活动的这些便利的程式化表示,可能会对实际的探索过程产生潜在的误导。在很大程度上,探索不仅仅是对风险和回报的个别计算进行权衡,还需要处理社会或政治方面的信念争议,在许多情况下,还需要处理关于构成绩效的最关键维度为何的争议。从个体行为人的角度来看,大多数活动都具有利用性质,因为它们的实施都带有明确的期望,即这些行为可能在绩效的某些方面取得有意义的进展。相反,从观察者的角度来看,这些相同的活动被认为是探索或利用都是可能的。

在这方面,区分参与特定行为的焦点行为人的视角,和潜在的"观察者"的视角,是很重要的——无论这些"观察者"是同事、上级还是潜在投资者(Adner and Levinthal, 2008)。"行为人"和潜在的其他人之间的分歧,可能源于他们在两个问题上存在不同的信念:一是什么构成了相对有价值的行为;二是什么构成了相对有价值的结果。这种分歧可能在不同程度的粒度上表现出来。在期望的上级目标(利润),甚至意向产品和市场的特征方面,可能会达成共识;但是,在开发产品或接近特定市场环境的最佳方式上,仍可能存在分歧。我们可以将这些视为战术差异。或者,在什么可以构成合意的产品或市场的问题上,可能存在更高阶的分歧。事实上,关于探索性工作的争论,通常较少涉及运营行动,而更多地涉及新的技术功能、新市场生态位等可能具有的优点的层面上。从这个意义上说,搜索的问题通常不是一个"如果我们采取行为 a,会不会产生一些新的产品或服务 x?"的问题;而是,"如果 x 发生,我们对 x 的优点和相关收益的先验信念是什么?"

重要的是,要从目标上的分歧与备选结果的优点的角度,来对比这种潜在的分歧。例如,在组织中出现了关于行为的相互矛盾的解释,其中一种方式是通过不同单位追求各自的子目标。正如在模块化(Ethiraj and Levinthal, 2004)和跨单位的任务分工(Rivkin and Siggelkow, 2003)

的研究中所强调的那样,从一个运营单位的角度追求提高绩效的行为可能会降低"兄弟"单位的绩效。例如,想象一下,组织内的产品开发部门,为增强制造部门的某些技术特性,它所做的努力会产生什么的影响。在这方面,即使行为人之间不存在任何内在的激励冲突,劳动分工也可能在组织内部引发目标冲突(Ethiraj and Levinthal, 2009; Puranam, 2018)。① 然而,尽管在这种情况下,行为人和观察者之间的观点差异很明显,但在什么构成探索性行为、什么构成自利和其他人的利益方面,分歧较小。再回到产品开发与制造的例子,从产品开发的角度来看,在制造单位工作的工业工程师可能不会怀疑产品改进是有利的,他们只是从提高运营效率的任务角度看,认为它们具有破坏性,而且可能对公司盈利能力的总体目标产生不良影响。

关于什么是判断绩效的关键指标,行为人和观察者在此产生了最重要的分歧。从这个意义上说,行为人可能对潜在的价值功能有不同的认知,而不仅仅是对价值功能的哪些方面对他们很重要存在不同看法。与考虑一系列商定目标的备选方法相比,前一种争论更复杂,更不容易在行为人之间达成共识。举个最基本的例子:多臂老虎机模型,该模型已被用作表示探索与利用间权衡的标准模型。老虎机模型具有单一维度的绩效,因此关于哪种绩效梯度更有前景或更无前景,并不存在潜在争议。② 在这种情况下,任何一组行为人之间的分歧,只不过是他们对各种"臂"(方案)可能产生的收益的看法。

相比之下,在某些情况下,例如,当关于技术功能性中的关键要素是什么存在分歧时,焦点行为人可能会认为自己在从事利用性的行为,因为他们在"攀登"他们认为最陡峭的进步梯度;相反,从观察者的角度来看,同样的行为人可能被看作是在攀登一个难度较低的梯度,甚至可能是一个负的梯度。因此,对于观察者来说,"探索性"行为和"利用性"行为之间的关键区别在于,行为人试图进步的绩效维度在多大程度上得到了观察者自己的视角认可。因此,在这种情况下,被视为探索性的行为,可以更准确地描述为特定行为人或子群体沿着备选绩效维度进行的利用性行为(Adner and Levinthal, 2008)。

5.1　重新定义探索

我们对探索与利用间权衡的理解,在许多重要方面受到我们对探索活动本身的描述的影响。③ 如前所述,文献强调了这样一个观点,即探索并不能最大限度地提高组织的近期绩效。虽然这种观察是关于探索工作的核心属性,但它隐含地(通常是明确地)提出了一种探索的形象,即是一种多少随机的、相当无方向的搜索过程,如从瓮中取物、"跳远"等。可以说,这样的形象具有误导性。考虑一个典型的组织探索的例子:3M公司的传奇政策,允许科学家根据个人判断分配15%的时间和资源。在谷歌/Alphabet公司近年采用这一政策后,这一政策变得备受瞩目。这些策略无疑是松弛搜索的有趣表现形式(March and Simon, 1958)。然而,虽然从某种意义上说该政策显然与搜索和自由裁量行为的理念相一致,但我们在解释此类政策可能包含的具体内容时需要谨慎。

该政策显示了"松弛"的意义,即不需要根据公司任何现有计划的绩效基准来评估个人的努力。然而,同样重要的是,要注意这些人没有做什么。他们不是在苏必利尔湖上划船,也不是用15%的时间在办公室和实验室里无所事事地等待闪电降临。相反,这些工程师和科学家正在努力解决特定的问题和难题,检验各种各样的直觉和假设。这些活动的一个关键特征是,这些计划方案不是没有方向的;相反,它们是有"其他"导向的,修饰语"其他"意味着,这些自由活动的目标和目的不必与公司当前的目标和战略相对应。它们所追求的进步维度虽然与组织的业绩目标可能不是正交的,但也不会与它们高度共线。如前所述，在一个共同的上级目标下追求不同的目标或绩效指标，既可以在战术层面上理解，如在并行开发工作的情况下对实现共同目标的首选路径的不同看法（Nelson，1961），也可以在更战略的层面上理解，即对基本的绩效维度的质疑（Kaplan，2008）。

这种在更为战略的层面关于价值尺度的争论，在阿博特（Abbott，1884）的寓言故事中得到了鲜明的体现。故事中，一个来自"空间世界"（Spaceland，一个能意识到三维空间的世界）的陌生人，试图让"平面世界"（Flatland，一个只能意识到二维空间的世界）的居民相信他称之为"高度"的第三维度的存在。空间世界人发现，不可能使用平面世界的语言和度量来有意义地讨论这个第三维度的存在，因为平面世界没有超越长度和宽度的空间结构。空间世界人说服平面世界人第三维度的有效性的唯一方法，是通过将平面人"举高"来证明它的存在。从这个凸起的位置观看平面世界，平面人既可以观察平面的两个维度，也可以见证"凸起"位置所提供的新视角，于是平面世界人开始确信新维度的存在和可能性。当这个平面世界人从他的旅程归来时，他试图让其他人相信高度的存在。然而，由于无法将所有平面人举到平面上方来证明第三维度的存在，也无法提供足够令人信服的论据，他被贴上了疯子的标签，并被送去隔离监禁。

从一个试图在新的绩效维度上取得进步的企业家的角度来看，那些（还）没有意识到新维度价值的同事就相当于是平面世界人。无论我们设想这些潜在的企业家是在外部市场上运作，并试图从风险资本家那里获得资源，还是在公司环境中运作，努力从上层管理部门获得资源，都存在这个挑战。从这位未来的企业家的角度来看，他的受众生活在官方认可的组织目标和绩效目标的较低维度层面，并且只对这一层面上的进展指标感兴趣。像 Abbott（1984）笔下开明的平面世界人一样，企业家们从事高度有针对性的活动；但是，虽然这些活动推动他们在新绩效维度的方向上走得更远，但这些绩效维度在很大程度上是他们周围的人看不到或不怎么重视的。在没有可接受的验证方法的情况下,他们的活动很容易被贬低,形同空气,在他们的组织环境中被轻易忽略。如果企业家要验证这些其他导向的活动,他们必须找到一种方法来验证新的绩效维度。

在这种精神下,管理者经常被要求"跳出框架"思考。但,是什么构成了这个众所周知的框架?在文献中,我们通常认为它源于行为与当前计划的接近程度。一个完全不同的行为是向一个全新的行为领域"跳远"。但是,即使是迥然不同的行为,如果根据现有的绩效标准加以评价,也会导致某种保守主义。考虑图 5.1 和图 5.2 的对比。图 5.1 提供了目前典型的崎岖景观的图像。沿着行为域移动会产生非单调的绩效回报。然而,图 5.1 是保守的,因为绩效中的所有波动,都局限于绩效的现有维度上。相比之下,图 5.2 表明,即使行为的微小变化也可能引起绩效的新维度上的巨大变化,哪怕行为的变化仅对现有的绩效标准产生了适度的影响(即,在绩效的现有维度上从 A 到 A' 的变化,与图 5.2 中从原点到 D 的新绩效的变化形成对比)。

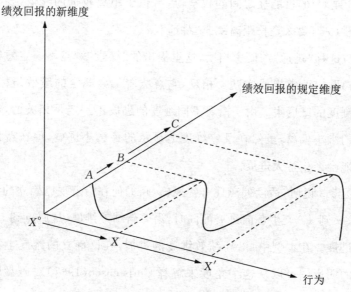

图 5.1　沿规定维度的搜索距离和绩效表现

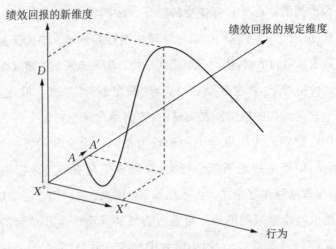

图 5.2　沿着绩效的新维度进行搜索的投影——投射出正向的阴影

　　这与通常在局域搜索与远程搜索之间做出的区分不同。搜索距离通常以偏离既有常规和行为模式的程度来衡量。图 5.1 中提供的图像描绘的是,在破坏组织现有绩效位置(A)的风险和找到潜在的优势位置(如 B 或 C)的可能性之间的权衡,后者位于距离较远的峰值,要么是短距离跳(x),要么是长距离跳或"跳远"(x')。

　　与这种"跳远"的概念相反,这里提出的"探索"观点不一定意味着明显偏离既定的常规或实践。相反,它意味着偏离既定的绩效指标,或者扩展测度的维度集。由于沿着不同维度的进展不一定是相关的,所以对常规的微小偏离,虽然在既定维度上显示的是微小进展,但在替代维度上可能会产生重大进展。

　　图 5.3 说明,适度偏离现有常规(x''),如何在沿着现已确立的绩效维度(从 a 到 a')产生负向进展的同时,沿着新绩效维度(从原点到 D)产生正向进展。在本例中,沿新绩效维度的进展,在已确立的维度上投射出负向的阴影。可以从这个角度来解释 Christensen(1997)对磁盘驱动器行业颠覆性创新的讨论。在位者只从容量和速度这两个被合法化的绩

效维度来评价进步,但没有意识到他们自己开发出的新一代小型磁盘驱动器的潜力,也没有意识到该产品可以沿着便携性和能源效率这两个(迄今为止)尚未合法化的维度,来获得进展、贡献价值。

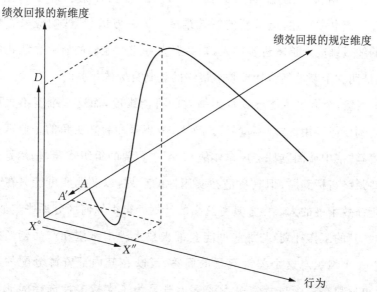

图 5.3　沿着绩效的新维度进行搜索的投影——投射出负向的阴影

这种"阴影投射"也可能具有时间性的特征。随着时间的推移,一个似乎与平面世界人无关的计划,可能会被视为对现有的价值维度具有重要意义。为了说明这一点,考虑一下测量原子磁共振的基本科学目标,以及随后这些洞察在磁共振成像设备发展中的应用。识别和测量原子的磁共振,是 20 世纪 40 年代物理学中的一个重要问题(Bloch, et al., 1947),也是 1952 年布洛赫(Bloch)获得诺贝尔奖的基础。然而,直到几十年之后,这一物理学难题的解决才给寻求更好的软组织诊断图像的探索带来了福音,导致了磁共振成像(MRI)设备的发展。但是,值得注意的是,从布洛赫和他的学生们的角度来看,他们的研究目标明确地致力于解决一个问题:精确测量电磁无线电波。而从演化的角度来看,这可以被认为是"扩展适应"(exaptation)的一个例子(Gould and Vrba，1982)，即为一个目的而发展的特征，适应了另一个目的。这个论点，将在下一章中进一步阐述。

成熟的组织和企业家从相反的方向面对这个问题。一方面，组织会寻求促进创新和创业，努力寻找方法，鼓励管理者追求新的市场和技术——如本章所述，追求新的绩效维度。另一方面，那些响应号召并在新的绩效维度上追求进步的人，则会努力寻找使他们的研究合法化的方法，证明这个新的衡量标准是与最终的盈利目标的相关的。

当然，个人也可能会觉察到绩效的可能维度，而这些维度不太可能映射到任何实用的"现实世界"。诗人、梦想家和崭露头角的企业家可能会攀登"空中楼阁"或"与风车作战"。一个重要的组织难题，仍然是区别那些最终目标新颖、但具备潜在实用性的计划，以及那些可能只在追求特定绩效维度的人心中才具有意义的计划。组织如何区分那些类似"空中楼阁"的工作计划，与那些可能会带来技术进步希望和产品创新的计划？一个组织对这个关键问题的回答，反映在其内部资源分配的过程中，也反映在这个过程在多大程度上既是为了支持多种选择标准而设计，又仍然保持某种程度的选择纪律。

5.2 创业精神和"其他导向"的计划的合法化

在进步的距离和维度之间的这种区分意味着，创业计划不仅必须由行为的新颖性来定义，还必须由绩效评估标准的新颖性来定义。类似于Knight(1921)对风险和不确定性的对比，在现有的合法绩效维度上回报的可变性，与绩效维度本身价值的不确定性之间，有本质区别。[④]战略计划尽管可能存在不确定性，但与"其他导向"的计划有本质不同。一项计划与现有的战略维度保持一致，即使不能作为其成功的直接证据，也可作为直接证据的潜在替代品。计划同现有战略维度的一致性越差,支持其达成最终目标的可能性所需的证据标准就越高——在缺乏合法性的情况下,需要坚实的证据。相比之下,沿着现有的战略维度调整计划,有助于使其目的合法化,从而可以促进在组织内产生积极的选择结果。

在企业创业的背景下,似乎存在三种逻辑上截然不同的选项。

5.2.1 选项一:臭鼬工厂

在公司战略语境之外运作的企业家面临的第一个选择,是在内部选择机制中隐藏新计划。这样的项目,其资源依赖于直接参与项目的人员的个人投入,并面临两个不同的挑战。首先,由于它们对更大的组织来说是隐藏的,这样的项目在获取潜在的共享能力和资源方面,面临额外的困难,因为那些原本是"合法的"项目才可用的。其次,由于逐步实现的成功通常会伴随着对资源的需求增加,因此此类项目会变得越来越难以隐藏。只要这些项目不为组织环境所了解,那么对"臭鼬工厂"(skunk works)⑤项目的评估就是偶然的,只有当它们被意外发现、需要用到不可隐藏的资源,或是可以展示项目最终完成的结果时才会发生。

这种方法的局限性在于,成功的行为可能在财政上无法自给自足,因此需要额外的资金。在这种情况下,人们又回到了必须说服某些核心的权威人士,使其相信特定计划之优点的境地,尽管这种说服是要评估一项计划更进一步的发展阶段。

5.2.2 选项二:改造

第二种方法是以符合官方战略的方式,重新改造不符合标准的计划——也就是说,预测沿着"其他"维度的进展,可以如何推动合法方向上的进展。Burgelman(1991)讨论了英特尔的经典改造(retrofit)案例:英特尔冒险进入了精简指令集计算(RISC)领域,但这需要从合法的复杂指令集计算(CISC)方法中转移宝贵的研发资源。RISC 的活动被论证为一个补充项目——为核心 CISC 处理器开发一个数学协处理器——而不是基于 RISC 团队的真正意图——为新的核心处理器开发一个替代平台。通过强调在现有的绩效维度上将获得的好处("这将使 CISC 的报价更具吸引力"),RISC 团队找到了一种方法,将其自身的焦点维度(RISC 绩效)上的进展,投射到组织的既定绩效维度(CISC 绩效)上。

当一个计划的目标处在不合法的维度时,就需要这样的托词,因为就像在"平面世界"中的故事一样,描述一个新维度的存在需要一种语言和一个视角,而在观察者得到新视角有效性的确凿、直观的证明之前,他们是无法获得这种语言和视角的。只有在面对新维度的现实(而不是承诺)之后,"平面世界人"才会找到调整他们现有商业版图的理由。

改造可能存在相当长的时间迟滞,因为从政策企业家的角度来看,在"场外"制定的计划在很大程度上仍然处于边缘状态,直到有利时机出现。Kingdon(1984)借用"垃圾桶"(Garbage Can)框架(Cohen, et al., 1972),展示了政策倡导者是如何像政治企业家一样等待环境的契机,推动他们的议程前进。Kingdon(1984)认为,事件(通常是危机)会创造"政策窗口",即人们将注意力集中在某个特定领域的短暂时刻。成功的政策企业家会抓住机遇,将他们的"解决方案"与当前正引起人们深切关注的"问题"相连接。

在将自身对资源的主张合法化时,其他导向的计划面临着挑战,这种挑战与空间世界人在平面世界内要求将自己的观点合法化时所面临的挑战一样。这是企业家面临的一个基本难题:那些看似"外来的",且与现有商业模式和逻辑不符的计划,如何获得资源支持? 虽然,外部融资的初创企业和由内部资助的初创企业在应对这一挑战的方式上可能不同,但同样存在创造合法性的基本困难。

5.2.3　选项三：将组织与环境联系起来

臭鼬工厂和改造，就像他们试图规避的主导性组织逻辑一样，都依赖单一的选择机制，无论是企业家自己的信念集、组织的官方战略，还是企业家试图将后者扭曲以适应前者的努力。让我们考虑这种单一性所隐含的反馈过程和选择标准。评估的基础之一，是关于市场的、未经检验的信念。由于未能对其进行检验，这种信念很可能会持续存在（Weick，1979；Denrell and March，2001），除非通过对他人的观察学习证明结果相反。另一种选择标准对应于组织现行政策的适用性，以及，更广泛地说，对应于组织的自我观念。显然，这一种选择标准也不太可能带来新颖性，也不可能成为组织变革的源泉。

在这些聚焦内部的机制之外的另一种选择，是与外部产品市场紧密耦合（Adner and Levinthal，2002）。虽然组织可能会专注于关于其"核心竞争力"或最根本的市场和使命的特定观念，但所有商业公司都有一个共同目标——那就是盈利。无论一项计划可能多么牵强或看似无关紧要，对财务回报绩效维度的预测都可以提供可信的价值陈述。此外，企业是在外部市场中被最终评估为成功或失败，而外部市场是一个高度多样化的环境。环境的多样化表明，市场可以利用自身需求的多样性，为"其他"导向的企业提供支持。

在这方面，最近对精益创业现象的关注（Reiss，2011）值得讨论。这种方法的前提，是来自市场试验的直接反馈，无论是针对早期产品技术及其特点的优点，还是针对这项工作所指向的市场应用的优点。这种方法不仅强调反馈的作用，而不是关于某一方法优劣的事前信念，而且其核心思想是，有一大批值得为之付出努力的、潜在生态位，而且计划本身也可以有各种各样的变体。但这种方法中的另一个关键假设（通常在这些讨论中没有被强调）是，在市场中进行现场试验将提供关于特定产品价值的快速且合理可靠的反馈（Contigiani and Levinthal，2019）。然而，我们最感兴趣的许多经济行为都具有这样的性质，即它们的全部影响要到未来某个时期才能实现。在新技术开发的情况下尤其如此，因为，对可能产生的优点，市场的当时反馈是不可能，或者至少是不可靠的。

与产品和金融市场的直接联系，有时是通过形成一种新的、独特的组织形式来实现的，这种组织形式在很大程度上与公司总部的权力体系是脱钩的。这种冒险事业可以保留在现有组织内（如 Block and Macmillan，1993），也可以作为一个被部分剥离的独立项目来管理（如 Chesbrough，2002）。企业风险基金投资于有前途的内部和外部计划，成为实现这种直接联系的工具（如 Dushnitsky and Lenox，2005）。Dushnitsky 和 Shapira（2010）观察到，企业风险投资机构（CVC）通常需要找到私人的风险合作伙伴与他们一起投资，这不仅是为了分散风险，也是为了防止价值评估时可能存在的偏见。这种企业计划的外部化，提供了同企业现有战略语境的部分（但不是完全）脱钩；但与此同时，这些结构强加了一些来自产品市场竞争和金融市场评估的纪律要素。前一章讨论的是，在不断展开的研发努力的情境下，选择力量出现的时机。根据那里的讨论，这种直接与环境相联系的方式，虽然提供了评价标准呈现异质性的可能性，但也带来了当前产品市场反馈可能导致的、短视选择的潜在风险。

5.3 维度生态学

如果将探索和利用进行对比，部分地视作源自关于是什么构成了适当和有价值的绩效这一问题的争论，这可能意味着需要扩大绩效维度的范围。这一难题是由世界观不同造成的，遗憾的是，解决它的办法，不能只是先找出组织与其交互的所有行为人，然后再把与这些行为人相关的业绩维度简单地联合起来。

这种注意力受限的基本原因有两个。首先，有限理性的行为人被限制对更复杂现实的低维表达中（Gärdenfors, 2000）。简单的 2×2 模型表达在战略领域很常见，虽然嘲笑它很容易，但重要的是要认识到，个人很难同时考虑比这更多的维度。Halford 等（1994）发现，个体在工作记忆中能够处理的最复杂的统计关系，是三向互动（即三个自变量和一个因变量，共四个维度）。因此，增加额外维度会产生重要的机会成本：采用的绩效维度与经济回报空间可能会不完全一致；而且，增加一个维度后，会有效地挤出一个可能更有价值的业绩判断标准。

此外，绩效的额外维度对组织内的协调行动构成了额外的风险。战略和一系列运营目标应该指导和协调不同群体之间的行为。随着更多维度的加入，注意力不可避免地分散，协调水平也会降低。试图同时关注大量的绩效指标，会有效地破坏适应性系统（Ethiraj and Levinthal, 2009）。Ethiraj 和 Levinthal（2009）在一个计算模型中证明，即使按照完整目标结构的标准来判断，为行为人提供一个高度受限的真实目标结构的子集，也可以促进适应性学习。与这种观点一致，Obloj 和 Sengul（2020）在他们对法国制造商的研究中发现，增加目标数量，会降低在任何既定重点绩效维度上的绩效。

组织有利于不同个体和子群体之间的协调行动。这种协调是通过保持利益和信念的一致来实现的，通常认为，利益的问题是通过某种形式的共同激励来解决（或至少是缓解）的（Gibbons and Roberts, 2013）。社会化过程还可以通过发展共同信念来缓解目标冲突的挑战，而共同信念进而又可能有助于实现更大程度的动机共享（Van Mannen, 1973；Ouchi, 1980）。战略是组织内部协调和指导行为的重要机制。因此，战略有助于确定衡量进展的各个维度并使其合法化。当然，在这样做的过程中，既定战略也会使原本可以在那个方向上取得进展的其他维度失去合法性。

　　这种关于评估业绩的适宜基础的争论,不仅发生在企业内部,也发生在金融市场对企业的评估中。尽管金融市场的投资者独立于特定的战略任务,但他们也需要依赖业绩指标。内部和外部资源市场都需要确定这些维度的合法性,并避免偏离既定基准。例如,Gurley(1999)认为,麦考(McCaw)在有线电视行业和移动电话行业成功的关键原因是,他有能力让金融市场相信非财务业绩衡量标准的合理性,比如在有线电视行业的"入户率"和"POPs"(被服务人口的百分比),而不是传统的财务指标(如价格收益关系)。作为资本密集型的企业,有线电视和移动电话需要大量的投资,然后才能获得显著的经济回报。麦考能够说服投资者接受这些备选方案,是因为"即使这些公司可能一直在亏损,投资者也可以放心的是,有线电视特许经营权每覆盖一个家庭价值2 000美元,无线电话企业每增加一个用户价值30美元"(Gurley, 1999)。

　　创业是关于创新的行为。然而,行为的创新本身并不构成创业精神。沿着现有的技术轨迹前进,或扩展现有的业务模式,可能会对个体和组织提出巨大的要求。这些计划方案的可行性可能存在问题,而且根据现有已定的绩效标准衡量,其回报可能存在不确定性。然而,关于绩效新维度价值的主张,可以说是更为根本的创新源泉。

　　无论是在现有实体内部,还是在形成新实体的过程中,企业家们通常都有独特的视野。他们可能从不同于其他行为人的角度看待回报空间,并会沿着感知价值的维度寻求进步的途径。然而,企业家不能在真空中行动。有作为的企业家,无论是在公司内部还是外部,都必须获得足够的物质和财政资源来支持他们的事业。为了在短期内做到这一点,他们必须以"平面世界人"能够理解的视角来验证创新活动。从长远来看,他们有可能改变人们对回报面的看法。虽然我们都注定生活在"平面世界",因为我们对绩效指标的理解不可避免地非常有限,但在不同的基础上描绘真实的商业环境,可以提供完全不同的服务收益的表达

（Csaszar and Levinthal，2016）。空间的低维陈述不是随意而为，但可以说，创业最有力的形式是改变认知，让新的认知提供业务环境的不同拓扑结构。

5.4　总结

本章对探索和利用过程进行了重新定义。虽然传统上，探索和利用过程是从焦点行为人的角度，被理解为相关行为的创新性和关于该行为前景的先验信念，但本章提出的观点，强调了关于给定行动或计划的价值和前景可能产生的争议。特别是，有人认为，从一方（通常是行为观察者）的角度来看，一个特定的行动可能被视为探索性的，而从焦点行为人的角度来看，同一行动可能被认为是利用性的。本章关于探索和利用的观点，并不是要取代当前对这种矛盾的争论；相反，这里提出的观点旨在补充这一观点。本章提出的观点将争议从备选行为领域转移到对这些行为结果的解释，并相应地强调了替代性的先验信念和认知模式，据此可以评估有前景的行为和计划。无论是事前还是事后，向他人验证行为的合理性，需要对特定的绩效维度进行验证，或者在他人重视的绩效维度上投射"阴影"。

5.5　附录：探索和利用——臂和树枝

探索和利用之间的基本矛盾，从一开始就被形象的比拟为一个多臂老虎机问题（Holland，1975；Gittins，1979）。老虎机的构想抓住了这种权衡的重要元素：选择单臂被视为排除了某些潜在的备选臂，而了解备选臂的优点又需要先使用或试验它们。然而，在多臂结构中内嵌的一些属性，具有一种理所当然的性质，可以说这种性质不能反映管理和战略决策的核心特征。

也许最重要的是，老虎机的设置暗示着回归的可能性。如果一些新的抽样选择实验提供了不利的结果，则行为人被认为可以选择返回到先前的操作。此外，如果对这一先前行为的后续利用降低了人们对其优点的信念，那么就有可能重新审视那个以前"被拒绝"的备选方案。路径依赖存在于老虎机模型中，涉及信念如何随着时间的推移而形成，以及这些信念如何影响未来的行动选择。Denrell 和 March(2001)分析的热炉效应是这种路径依赖形式的一种特别有力的表现形式。Denrell 和 March (2001)注意到，对一个新抽样的选项的负面认知，可能会阻止行为人在未来尝试这个选项，也许还会让可能错误的负面评估没有纠正的机会。

然而，从更根本的意义上来说，路径依赖是不存在的。潜在的机会结构被视为不会随着时间的推移而改变。⑥如果在周一做出了某种选择并实现了结果，那么其他($n-1$)种可能性在周二等待，周二的选择对周三采取行动的可能性没有影响。通过用一周中的日子来标记时间段，这种描述似乎使问题变得微不足道。然而，如果人们将随时间推移的选择结构用更笼统的术语表示为"时期"，那么基本问题显然仍然存在。这种动态显然适合于描绘某些决定，例如什么是上下班的最佳路径和交通方式。与不同可能性相关的痛苦、快乐和时间，可以被取样和重新审视，在给定的时间段内不参与特定的选择，并不排除在未来时间段内参与这种选择的可能性。

然而，这种亘古不变的机会结构，似乎与我们通常认为的行为人需要"抓住"机会的观念不一致。"抓住"机会是很重要的，这一观念大概源于这样一种感觉：一个行为人可能面临某种独特的机会，而这种机会在未来可能不会再次出现，实际上也不太可能再次出现。在个人电脑[如盖茨(微软)、乔布斯(苹果)]、互联网[如安德烈森(网景)、凯斯(美国在线)],或电子商务[如贝索斯(亚马逊)、奥米迪亚(eBay)]兴起之初,潜在的企业家可能会面临独特的历史环境。如果其中一位行为人决定在某个"时期 t"中放弃潜在机会,以进一步体验其当前的处境或第三种选择,则该潜在机会不一定会在未来某个"时期$(t+1)$"等待他们。此外,抓住这一机会将意味着否定其他潜在的选择,比如:有些人选择继续接受教育,另一些人则选择现有的工作。或者,抓住这一机会将意味着再次否定一些其他的"外部选择"——那与他们当前的选择和这个特殊的潜在机会不同。

与其将探索和利用设想为一个抽样问题,而且还是一个没有基本路径依赖的抽样动态,不如考虑演化生物学家称为系统发育树的那种衍生过程,或者有时更通俗地称其为"生命之树"(Dennett, 1995)。这种"树"的等级性质表明了演化,而"分支"意味着物种形成事件。[⑦]在生物环境中,这种分支的出现是遗传多样性的随机过程,伴随着新形态出现的特定生态空间中的一些可能的偶然事件同时出现,而在组织环境中,这种"分支"的出现可能反映出相当大的意向性。然而,这种意向性可能发生在高度不确定的机会结构的背景下,正如信息技术的不同机会时代所显示的那样。

上文提到的企业家进入了"相邻可能"(Kauffman, 2000)。更广泛的宏观技术环境和商业环境的变化使这些计划成为可能,而这些计划在几年前是不可行的。此外,根据"机会窗口"的概念,如果他们作为潜在的企业家一直在等待,由于对探索与利用间权衡的敏感性,不想放弃他们目前的活动,那么这个机会很快就会过去——因为其他行为人会开始利用机会,实现其潜能;或者,如果在潜在企业家的群体中存在大量的"集体"等待现象,那么技术和商业环境的变化可能会让这个机会变得毫无意义。

就我们的目的而言,最好将"生命之树"重新标记为"机会之树"。更准确地说,"树"反映了那些已经实现的机会——这些机会来自广阔的潜在机会之海。不存在固定数量的"臂"可供选择,而是一系列不断变化的、潜在和现实的路径。此外,就像演化生物学中的系统发育树一样,分支不会永远延伸。显然,如果你认为分支是公司内部的一项创新计划,分支可能仅仅因为一个灭绝事件而终止,在商业环境中我们可以将灭绝事件视为不那么戏剧化的退出;而如果你考虑的是组织群体,那可能是一个行业的消亡。分支也可能在演化生物学家所说的物种形成事件中终止。物种形成活动有两种基本形式。一个类似于创业和"精益初创企业"中所讨论的"转向"(pivot)。路径发生了突然的转向,但并没有形成新的独特分支。或者,正如企业创业活动中的常见情况一样,新业务的开办不一定与现有业务单位的终止相关联,因此,现有的轨迹可能会伴随着分支而持续存在——这是一种补充先前计划的新计划。

企业活动"树"的广度,大概是资源可用性和每个现有"分支"所代表的相对机会的联合函数。在精益初创企业的背景下,有人认为企业应在任何时间点都专注于单一的计划。在这种情况下,关注哪种需求是由企业有限的资源所驱动的。如果要沿着一个轨迹前进,就意味着要有一个单一的轨迹。进步和专注之间的联系不仅仅是资源,放弃之前的轨迹所带来的"破釜沉舟"的感觉,可能也是重要的激励因素(Shin and Milkman, 2016)。

综上所述,一个更成熟的企业,在任何时候都可以维持一些多样化的创新;然而,稀缺的人才、时间和"财富"等资源的限制和机会成本仍然存在(Levinthal and Wu, 2010)。由于老虎机模型形式化的建模工具将选择视为离散的行为,在 n 种选项中选取一个,因此在探索与利用间权衡的讨论中,不存在行为规模的问题。但问题不仅仅在于是否参与活动 i、j 或 k,而是资金的分配和时间的管理,以及与之相关的带宽。类似地,在演化生物学中,在系统发育树的表达中,"分支"表示一种特定形式的存在,但现有模式无法对这一形式的规模或密度进行识别。

注　释

① 产生目标冲突的这种原因与代理理论模型中的标准方法相反,在代理
理论模型中,行为人被假设具有冲突的某些内在原因,通常源于代理
人的工作厌恶。

② 正如第 2 章附录中所描述的那样,"老虎机问题"提出了一个任务环
境,在这个环境中,一个行为人面临着一系列的选择,每个选择都可能
产生一个独特的随机奖励。这种简单的结构抓住了探索与开发间权
衡的核心要素,因为行为人可能会被某种备选方案优先吸引,他们会
对这种方案产生积极的回报有一定的信心,而选择另一种方案可能会
有更多的不确定性,乃至更低的预期回报。

③ 本节主要参考 Adner 和 Levinthal(2008)。

④ Knight(1921)区分了两种情况:一种是风险情况,在这种情况下可能
产生多种回报,而且这些回报的概率是可量化的;另一种是不确定性
情况,在这种情况下概率是事先不可知的。从本书提出的观点来看,
风险的类似物对应的是,在现有的、协商一致的绩效维度上可能的结
果之间的差异;而不确定性的类似物对应的是,关于绩效的适当维度
缺乏清晰的认知或共识。

⑤ "臭鼬工厂"一词起源于 1943 年洛克希德飞机公司(Lockheed Aircraft)
的一个项目,该项目旨在快速制造一种新型战斗机。这个小项目的团
队被安置在一个偏远的地方。团队成员们从连环画《Li' l Abner》中一
个隐藏在森林里的非法酿酒厂的故事得到灵感,借用漫画中这个酿酒
厂的名字"Skonk Works"来自称。后来这个词语演变成了"skunk
works"(直译"臭鼬工厂"),并且已经成为在一个较大组织内部的小型
自主项目团队的代名词(Gwyne, 1997)。

⑥ 有些模型考虑到,与给定的"臂"相关的价值,可能会随时间推移而变
化(Whittle, 1988; Posen and Levinthal, 2012)。然而,在这些模型中
仍然存在这样的情况,即每个时期都有机会参与 n 种可能行为中的
任何一种。

⑦ 下一章将阐述物种形成事件的概念,及其与组织进化过程的关系。

间断的变化

变化速度是演化动力学的核心问题。虽然达尔文提出的观点是一种遗传与修正的观点,但这一观点得到了古尔德和埃尔德雷奇(Eldredge)间断平衡理论的补充(Eldredge and Gould, 1972; Gould and Eldredge, 1977)。间断平衡的思想进而又在管理学领域产生了重要影响。例如,对技术演化的讨论通常将技术生命周期描述为以渐进式创新的阶段为特征,这些阶段被突然爆发的激进创新所打断(例如,Abernathy and Utterback, 1978; Tushman and Anderson, 1986; Anderson and Tushman, 1990; Mokyr, 1990)。同样,组织理论家(如 Miller and Friesen, 1980; Tushman and Romanelli), 1985; Gersick, 1988, 1991; Romanelli and Tushman, 1994)提出了一个组织变革的间断模型,认为组织的演化过程是较长时期内的相对稳定与短时间的根本性变化交替出现。

古尔德和埃尔德雷奇提出的间断平衡理论有三个基

本论点：演化的速度、物种形成事件的作用，以及微观和宏观演化过程之间的关系。然而，管理学文献通常只关注其中的第一个论点。相比之下，演化生物学的研究强调了所有三种演化改变机制的关键作用，特别是物种形成的作用（Stebbins and Ayala，1981）。事实上，Mayr（1988：483）认为，对于古尔德和埃尔德雷奇所描述的过程而言，"物种进化"（speciational evolution）可能是一个比间断平衡更好的术语。因此，认真考虑"间断的变化"（punctuated change）概念的基础过程和机制，是很重要的。

正如上述讨论所建议的那样，我们需要谨慎对待什么构成间断事件，什么不构成间断事件。在演化生物学的早期著作中，提出了"有希望的怪物"（hopeful monsters）这一概念，这种新形式是由基因突变导致的，这些基因控制着表型的大范围变化（Goldschmidt，1940）。这一观点随后被引入到管理学文献中，涉及组织形式（Tushman and Romanelli，1985；Romanelli and Tushman，1994）和技术变革（Mokyr，1991）。根据这些观点，虽然微观演化可以通过自然选择的、小的遗传变异而发生，但更剧烈的变化是通过不同的过程发生的（例如，通过"有希望的怪物"）。Mokyr（1991）在其对技术变革的分析中明确了这一观点，并区分了创造新技术（类似于新物种）的宏观发明（类似于大突变）和改进现有技术的微观发明（即创新的逐渐积累）。他并不排除有一种可能：新技术也可以通过小型发明的积累而产生，但他坚持认为，"有希望的怪物"这个术语，似乎是对"古腾堡的第一台印刷机或纽科门 1712 年在达德利城堡建造的蒸汽机"（Mokyr 1991：142）这类革命性发明的恰当描述。

作为一种罕见的理论上的可能性，演化生物学中的大突变无法被排除。然而，大突变产生新的适应性的可能性似乎是极小的。道金斯（Dawkins）的分析很好地体现了这一点，他区分了波音 747 飞机的大突变和加长型 DC8 飞机的大突变。波音 747 的大突变，因其偶然性及其内在的复杂性而被排除在外："以为凭借单次大突变就能产生一只功能齐全的眼睛……这实际上如同认为一场飓风就能组装出一架波音747一样，是不可能实现的。这就是为什么我把这种假想的大突变称为'波音747大突变'"（Dawkins，1987：234）。相反，加长型DC8大突变的影响要更大，但不如前者复杂。加长型DC8基本上是一种"通过改进早期的DC8客机而制造出来的客机，它就像一架DC8，只不过机身被拉长了"（Dawkins，1987：234—235）。Dawkins（1987：236）进一步认为，指出："只有当我们天真地观察成品，就好比观察一个成人，加长型DC8的大突变才称得上是大突变。而如果我们观察胚胎发育的过程，就会发现它们是微突变，因为在胚胎指令中只是一个小变化，但是对成人产生了明显的巨大影响。"本着这种精神，认为某些创新是由技术革命带来的，这种信念可以说是因为隐藏的关键的先决条件（Basalla，1988）。

如果大突变不是物种形成的主要原因，或者它们只是在特殊情况下发生的，那么其他机制或演化力量必须要能够解释这个过程的动态。这里引入生态上物种形成的概念，是为了阐明这些动态的一些关键机制。这一观点的一个重要含义是：看似"离散"或不连续的演化，可以不借用任何大突变的作用而发生。提出这一观点，是为了理解三种不同场景下的变革过程：技术变革的节奏、组织战略和能力的转变，以及企业范围的变化。[①]

6.1 管理学中的间断平衡过程

6.1.1 技术变革

关于技术变革的讨论提供了截然不同的观点。一方面，我们对技术变革的渐进性有争议（Dosi，1983；Basalla，1988）。相比之下，其他人认为技术变革是迅速的,甚至是不连续的(Tushman and Anderson, 1986; D'Avini, 1994)。事实上,关于技术变革演化观点的经典论述(Schumpeter, 1934)提供了"创造性破坏浪潮"的戏剧性图景。

Levinthal(1998)以 Gould 和 Eldridge(1977)关于物种形成的观点为基础,调和了这些看似不同的观点。不连续性通常不是技术开发中单一事件的产物。像生物学中的间断过程一样,关键因素往往是一个物种形成事件,即将现有的专门技术知识应用于一个新的领域。与生物学情境不同,这种"物种形成"事件很可能不是随机的。事实上,物种形成是思考熊彼特讨论的创业之关键要素的另一种方式,该要素涉及对技术和市场的"创造性重组"。创业情境不同于生物学情境,因为行为人会有意识地考虑"相邻可能"(Kauffman, 2000)。熊彼特观点中的关键要素是:创新是一个重组事件,是现有要素的重组。此外,根据物种形成的概念,将现有技术进行适度改进,再置于新的应用领域,就是一种特殊的重组。

物种形成事件可能是刻意行为的结果;但是,请注意,"智能的"物种形成,只需要某种形式的局部理性。这并不意味着,例如,行为人对先前的能力进行投资,目的是将这些能力用于新的领域,而仅仅意味着,行为人会利用先前累积的适应和调整,以应对当前的机会。在演化生物学中,这一过程被称为"扩展适应",即在一种应用情境中被选择的特征,在另一种情境中也具有价值。例如,为适合在水中行进的鱼鳍,演化成了陆生动物(即鸟类)的翅膀。Cattani(2005)在康宁公司(Corning)的背景下详细研究了这种变革的动态。康宁公司是一家以材料科学为基础的公司,并正在成为光纤领域的先驱,其核心产品之一是炊具。[②]

技术发展的重大"提升",通常会得到先前市场应用的支持;然而,这些发展可能为随后的重组提供"养分"。例如,创建全球定位系统不是为了方便手机通话,或作为对潜在客户进行定向营销的一种手段,而是由太空探索和防御系统推动的巨额投资创造的技术平台；但是借助这个平台，不断递增的投资和对可能应用领域的创造性洞察，可以打开各种各样的新市场。③

虽然与领域转移相关的技术变化通常相对较小，并且在这方面最初的物种形成事件相当保守，但它可能会产生重大的商业影响，进而可能引发一个全新的、分道扬镳的进化轨迹。最初的物种形成事件是次要的，因为它的技术形式与其前身没有本质区别。然而，在一个新的应用领域内，一项技术的谱系发展可能与这种先前的技术有很大的不同。首先，新的应用领域可能有不同的选择标准。例如，功能和价格敏感度等关键属性，可能在各个领域有很大的不同。其次，与领域相关联的资源可能大不相同。一个有限的生态位可能只能维持有限的技术进步速度；相比之下，更主流的市场可能允许更快的发展速度。因此，虽然成功侵入现有生态位往往是评论者关注的戏剧性事件，但这一戏剧性事件是在一个相对孤立的生态位经历了相当长时期发展的结果。图 6.1 说明了该论点的基本结构。

当从物种形成事件中出现的技术能够成功侵入其他生态位时（可能

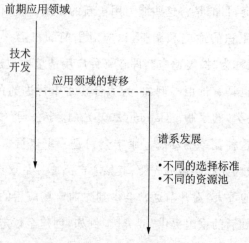

图 6.1 技术发展中的物种形成

也包括最初的应用领域），就会发生"创造性破坏"的过程。这就是 Christensen 和 Rosenbloom(1995)在磁盘驱动器行业中发现的情况，在该行业中，最初为便携式电脑的市场生态位开发的驱动器，最终在主流台式机市场中变得可行。然而，这种对原始或先前应用领域的"入侵"，并不一定会发生(Adner，2002；Adner and Zemsky，2005)，因为这些领域的选择标准可能有足够的差异，从而使两种形式可以共存。

无线通信技术的这段历史，为阐明这一观点提供了一个有益的背景。在这项技术的发展过程中，随着时间的推移而发生的重大技术转变，通常被认为是"革命性的"；然而，更仔细的研究揭示了一个更加细微和渐进的演化动态，其中物种形成发挥了关键作用(Levinthal，1998)。我们看到，从马可尼(Marconi)采用赫兹(Hertz)的实验室设备传送最初的无线电报，到无线电报技术的后续发展，特别是由西屋电气(Westinghouse)的一位工程师应用于无线电广播的、连续波发射机的创新，现有技术被重新应用到新的领域，产生了巨大的商业和技术影响。此外，在进入新的应用领域时，这些新的再利用事件会引发一系列有限的、渐近的技术研究。

从技术意义上讲，通信技术的这些"革命"是渐进的：现有技术被移植到新的应用领域。然而，一旦转移到一个新领域，就会出现一条独特的、在许多情况下是快速的谱系发展路径，这既是由新领域的独特选择或性能标准驱动的，也是由不同应用领域中可用的潜在财政资源驱动的。当赫兹只能将就着使用临时的实验室设备时，马可尼却得到了英国海军部和后来一家上市公司的支持。无线电广播最初是由西屋电气公司的一位工程师作为业余爱好开创的，但很快就被美国无线电公司(RCA)的萨尔诺夫(Sarnoff)采用了，而美国无线电公司成立的目的就是为了发展无线电报。

6.1.2　组织变革

不仅在技术变革领域，在组织变革领域也有学者提出了间断平衡模型（例如 Miller and Friesen，1980；Tushman and Romanelli，1985；Gersick，1991；Romanelli and Tushman，1994）。组织的间断平衡被描述为在相对较长的稳定期内不断发展，其间不时会出现相对短暂的根本性变革。正如 Miller 和 Friesen(1980) 所言，组织变革的特点是"经历了一场戏剧性的革命，在这场革命中，许多战略和结构变量的变化方向发生了逆转"。业绩下滑，以及环境或企业领导层的重大变化（例如 CEO 的更替），都被描述为克服组织惯性和激发根本性变革的潜在"触发因素"。因此，偏离先前的演化方向，涉及"在战略、结构和环境的变量之间创建一个新的格式塔"(Miller and Friesen，1980:607)。

尽管被广泛接受，但在组织理论中，对间断平衡的描述通常无法完全阐明演化理论的核心过程和基本机制。Lichtenstein(1995:292)提出了强烈的批评：

> 在间断平衡中，不会出现变异，也不会定义选择机制。在群体层面，出现了一个新的框架（从何而来？）并立即被选中。在组织层面，演化是通过将新的行为（或领导力）大规模引入组织而发生的，而不是通过对行为领域内的变化进行选择而发生。这能否在新达尔文主义的意义上成为"演化理论"的一个类似实例，尚不确定。

间断平衡模型在解释这种转变时具有吸引力，因为它提醒我们，组织有时确实会经历实质性的变革，然而，这些论点中提出的变化是一种"有希望的怪物"式的变化。虽然是为了适应（并可能重建一种匹配）不断变化的环境而刻意进行的尝试，但不应假定这种努力在事后会产生适应性，从而增强适应环境的能力，增加生存的可能性。应用间断平衡概念需要不止一个层次的分析。因此，正如 Lichtenstein(1995)指出的那样，仅在群体或组织层面起作用的论点,必然无法与物种形成这一概念联系起来,而后者是演化的关键驱动力。

将间断变化框架应用于组织变革的一种合理的方法,是考虑组织内部的选择环境。组织层面上选择标准的变化——也许与 Tushman 和 Romanelli(1985)所建议的高层管理者或战略的变化相对应——可能导致一种独特的"形式"的出现。然而,请注意,这种过程相对于变革过程是保守的,特别是它不需假定或要求"大突变"。相反,作为选择标准变化的结果,企业的资源分配过程(Bower, 1970)将改变整个公司的计划资源的可用性,并且随着时间的推移,至少从企业的角度来看,可能会产生一系列独特而新颖的行为。

在这方面,Burgelman(1994)对英特尔从日渐萎缩的动态随机存储器(DRAM)市场转向微处理器市场的描述很有说服力。英特尔管理人员遵循一条简单的生产规则,最大化"每个晶片的利润率",以确定制造产能的资源分配。在 20 世纪 80 年代早期,当内存芯片的利润下降而微处理器的利润上升时,通过遵循这种简单的优先顺序,英特尔开始重新分配资源,按比例生产更多的微处理器。在这种情况下,选择标准仍然是"每个晶片的利润率";但它使得经济力量的转变在企业内部得到反映,并导致公司的生产和营销资源被彻底重新配置。

由于选择标准的变化,组织层面的政治和主导联盟的转变,可以成为间断事件的催化剂。在这方面,政治进程是有趣的。如果认为政治反映了一些可能改变偏好分布的主要趋势,那么与之相关的选择标准的变化往往是渐进的。然而,如果认为政治是一个占主导地位的联盟的形成(March, 1962),那么该联盟的重新配置可能导致优先事项和目标的间断性转变,进而导致资源分配和结果评判的选择标准的转变。就管理制度而言,我们可以把以共识为基础的制度视作反映前一种过程的制度,而把等级权威结构视作具有后一种过程性质的制度,将前后两种制度进行对比。在一个等级结构中，什么样的意见在董事会中占多数，谁是CEO，以及这种多数派或 CEO 人选可能发生的转变，将会预示着该组织会有一条全新的发展道路。

6.1.3 物种形成与企业多元化

物种形成的概念对多样化研究具有重要意义，特别是从企业资源观的角度来看（例如 Penrose，1959；Barney，1991）。这一研究脉络中的多样化逻辑，源于各种产品市场之间某种形式的资源杠杆。此外，这些不同的市场情境可能会造成全然不同的选择环境。

认识到多样化是由物种形成过程驱动的，有助于调和两个强有力但似乎相互矛盾的实证发现。一个发现是，公司倾向于向相关领域进行多元化发展（例如 Teece，et al.，1994；Puranam and Vanneste，2016）。然而，与此同时，经验证据表明，业务单位之间绩效的多样性几乎不能由其企业身份的同一性来解释（Rumelt，1991；McGahan and Porter，1997；Vanneste，2017）。然而，如果多样化是由物种形成事件驱动的，这两组研究结果恰恰符合人们的预期。企业面临着将其资源和能力应用到相关领域或生态位的机会。然而，鉴于这些新的活动受到一系列不同的选择力量的制约，可能会出现一种性质不同的形式（在企业多元化的背景下，一种"形式"可以被认为是一种不同的业务单位）。经过持续的发展，原始业务单位进一步的谱系发展和持续运营，可能与新业务单位的后续谱系发展之间只有极小的关联。因此，相关性可以预测物种形成事件的可能性；但是，由于物种形成需要有不同的选择压力，因此没有理由预计在随后的时间段内不同形式（业务单位）之间存在显著的绩效联系。

以通用电气为例，它是美国历史上最多元化的商业公司之一。通用电气进入的许多业务领域，如发电设备、医疗成像、家电、金融，似乎彼此之间几乎没有或根本没有运营关系。然而，通用电气的大部分业务单位的启动,都可以被视为源自先前能力发展谱系的一个物种形成事件。通用电气的成立是为了开发和商业化托马斯·爱迪生的创新,其中最重要的是电灯和发电技术。爱迪生以及后来通用电气对发电机作为电气设备电源的兴趣,使得该公司致力于小型电动机发展,进而从 19 世纪 90 年代的电风扇开始,发展了小型家电业务。④ 更令人惊讶的是,通用电气在塑料方面的早期尝试,源于爱迪生 1893 年对灯泡用塑料灯丝的实验,并最终催生了 1930 年创建的第一个通用电气塑料部门。同样,20 世纪 10 年代早期 X 射线管的发明,源于通用电气公司之前对白炽灯用钨丝的研究(Reich,1985)。

虽然有一种资源杠杆逻辑可以解释通用电气进入这些多样化业务的原因,但一旦这些业务单元在追求各自独特的市场生态位的过程中完全成型,与促成最初多元化的先前业务就几乎不再有持续的联系。因此,新业务在通用电气的背景下形成了一种独特的"形式"——这是这些迥异的产品市场上的不同选择力量的结果,这些业务单元旨在服务这些不同的产品市场。换句话说,物种形成事件发生了。

6.2 总结

组织和技术的升级通常被认为等同于大突变。组织权力结构和战略的变化,就像技术应用领域的变化一样,往往是间断性事件,可以对后续的演化动态产生深远的影响。然而,值得注意的是,这些事件通常具有"遗传"上的保守性。一个组织可能在一夜之间改变它的权力结构和战略,但是它在"第二天早上"的能力设置,很可能与前一天的能力设置非常相似。认识到这些过程的多层次性质,就可以调和我们对组织和技术经常相互矛盾的看法:它们在经历着快速变化的同时,仍遵循渐进主义观点,与企业基本能力和技术轨迹的基础"遗传"水平相符合。与其争论组织变革和技术变革的本质是渐进的还是不连续的,倒不如更深入地研究产生这些变革的根本机制。物种形成是这些微观过程和宏观演化之间的关键环节。间断平衡是一个强大且富有洞察力的概念,然而,它的有效应用最终需要与达尔文的渐进主义思想重新联系起来。这在演化生物学中已经被证明是正确的,在管理学文献中也应该被证明是正确的。

6.3　附录:间断变化与嵌套适应系统

在考虑变化的速度时,重要的是要认识到组织是由多层次的系统构成的,这些系统本身就嵌入在某些环境的场景中。图 6.2 中的模式提供了一个最小的结构,指定了三个不同层次的分析:基础要素、组织选择标准,以及组织运营所处的生态位中的选择压力。在管理学文献中,许多采用术语"间断"变化的讨论,都是指基础要素的变化(Tushman and Romanelli, 1985; Gersick, 1988; Romanelli and Tushman, 1994)。虽然这样的"大突变"是可能的(Goldschmidt, 1940),但它们的出现(至少在提升

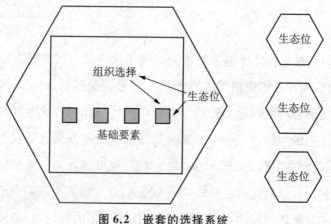

图 6.2　嵌套的选择系统

功能绩效方面)是不太可能的(Dawkins, 1987)。相反,与间断相关的离散性变化,和引导这些基础要素演变的选择标准的变化,二者相互关联。

有两个不同的支点可能会改变这些标准。其中一个位于组织的内部,这就是我们所说的组织的人工选择环境。组织中的哪些项目和计划被认为更有价值,或更没有价值?应通过薪酬和晋升来大力加强哪些群体和个体的回报?人们可以想象,这些选择标准会以某种渐进的方式发生变化,在一种或另一种绩效标准上逐渐增加或减少权重。然而,人们也可以想象,这些变化可能更为重大和戏剧化。这一点在多数人统治结构下运作的政治制度中很容易看出:一个政党的退出和另一个政党的加入,可以在资源和方案评估方面产生相当跳跃性的变化。即使底层的官僚机构和组织机构保持相对稳定,颁布和采用的政策也可能会发生巨大变化。高层管理团队的变动,以及与之相关的愿景和战略的变动,可能会对企业产生类似的后果。

等级制的层级结构是一个多级系统。通常,我们的设想和提案是自下而上缓慢传递的(Bower, 1970; Rivkin and Siggelkow, 2003; Ganz, 2018),并且这些想法会被系统中更高层的行为人筛选(Knudsen and Levinthal, 2007; Christensen and Knudsen, 2010)。这种等级制度中较高层级的行为人可以改变选择标准——通过对提出的建议和计划采用不同的筛选标准——由此改变所产生的计划的人口统计结构。此外,这些提案和计划可能具有某种内生性,行为人创造了他们认为符合一套特定筛选标准的可选方案。行为人可能会预测他们的计划被评判的标准,并据此对其塑造。

生态位的作用是双重的。一方面,组织所经营其中的生态位的选择压力,可能会对组织的人工选择环境产生影响。当然,一个组织的人工选择环境可以在某种程度上与外部环境脱钩。事实上,这种脱钩是组织做出战略选择的核心(Hrebeniak and Joyce, 1985)。在没有任何脱钩的情况下,组织的选择过程,将完全取决于组织所处的环境的性质。这种脱钩可能与富有远见的战略领导力有关,使组织适应未来生态位的选择压力——未来的生态位可能需要进行重大的技术或监管变革。然而,这种脱钩也会对当前的组织绩效造成压力。如果不能很好地与当前客户偏好、股票投资者的视角等保持一致,可能会带来相当大的财务困扰(Benner and Ranganathan, 2013)。这种"困扰"可能会促使组织修改其人工选择环境。图 6.2 中的箭头所示的是生态位对组织的压力,从生态位指向人工选择。

生态位也可以直接作用于计划本身,即作用于"基础要素"。这种可能性在前一章的语境中被提出,即崭露头角的企业内部创业者,该如何验证他们在组织战略优先事项之外的计划。业务部门收入的多少,取决于市场对其产品的反应,以及潜在客户对其产品与竞争对手的产品进行的评价。这种反应取决于这些产品和行为的属性,以及生态位中可用的属性,但并不直接依赖于组织的战略——除非战略可能会影响产品的性质和行为本身。因此,产品线和业务部门的商业绩效,可能会起伏,而这种起伏并不受公司战略或人工选择环境影响。

组织除了可以改造其内部选择环境外,还可以改变自己经营其中的生态位,如图 6.2 中的三个备选生态位所示。生态位的改变通常构成了精益初创企业语境中的"转向"(Ries, 2011)。在技术发展的背景下,这种转变通常被认为是应用领域的转变(Rosenberg, 1963)。根据上文提到的论点,新的生态位将对组织内的具体计划和活动,带来不同的路径选择压力和强化。此外,新的生态位可能会影响组织的人工选择过程与外部环境的耦合程度,如果是松散耦合,不管是何种方式的耦合,都会受到影响。另外,这种松散的耦合还可能会影响组织人工选择中可能发生的变化。

无论是组织的人工选择环境,还是组织经营的生态位,选择标准转变的一个核心特性是,这种转变可以是间断性的。在某一时段,组织可能重视某个客户群,或青睐某种技术和技术路径,而却在时间上非常接近的另一个时间段,青睐某个不同的生态位或技术路径。将组织的模式化概念想象为一个"瓮",其中包含各种各样的彩色"球",这些球表示组织内关于项目和计划的人口统计群体。例如,相对于其他颜色而言,更喜欢橙色球的选择方案,将随着时间的推移,生成一个由该颜色球组成的组织。如果该组织在某一时刻转变为"绿色球"战略,那么此时瓮中的球数量将保持不变。从这个意义上说,战略或内部选择标准的转变,从组织的基本要素来看是保守的。然而,在一段时间内,由于这段时间的长短取决于这一内部甄选过程的强度,橙色球的比例将下降,从而该组织将开始看起来像一个绿色球组织。在这种情况下,选择标准的变化会引发间断事件。通过一些计划层面的变化组合,无论是通过现有计划转变自身以符合新的甄选标准,还是修订现有计划与新的选择标准相兼容,还是人口统计结构变化(即一些计划的退出或解散,以及其他计划的诞生),活动的总体分布都将发生变化。

然而,发生这些变化的时间尺度,通常比选择标准本身可以改变的时间尺度慢。这并不是说,在选择标准发生变化之前,可能没有进行过大量的辩论和政治活动(Kaplan,2008)。然而,组织价值观的转变,并没有受到组织运作能力可塑性的直接制约,后者的适应过程往往相当缓慢。就个人技能水平而言,一个人可以决定学习一门外语,或参加一项新的运动,随着时间的推移,这个决定将改变一个人分配时间和精力的方式,并且随着时间的流逝,将使得个人技能的变化。然而,优先事项的转变与这一技能的转变,在时间尺度上有着根本的不同。虽然一个组织由许多个体组成,并且有能力获得人员和业务部门的支持,能够以比个体更快的速度改变其技能组合,但无论是在内部选择环境中,还是在生态位中,能力组合发展的时间尺度通常与转变选择标准的时间尺度大不相同。此外，正是选择标准的转变，催化了这种能力和行为的转变。

注 释

① 这里的讨论，源自 Levinthal(1998)、Adner 和 Levinthal(2002)，以及 Cattani 和 Levinthal(2005)。

② 一种是对未预见到的机会的事后利用，另一种是事前对潜在的利用能力进行投资，以期这种能力可应用于某些未来可能的预期状态，在这二者之间的对比就区分出了可被视为实质选择权的投资。实质选择权意味着，当进行初始投资时，对可能的下游应用有明确的意向性（Adner and Levinthal，2004）和扩展适应的行为。

③ 在此背景下，值得注意的是，虽然在该技术平台的"推出"过程中产生了巨大的资本支出，但这些投资是在该领域以外的技术投资使手机使用的生态位变得可行之后进行的，正如图 6.1 所示，这是手机"谱系"发展的一部分。

④ 资料来源：http://www.ge.com/en/company/companyinfo/at_a_glance/history_story.htm。

现代孟德尔与组织适应

在本书的研究开始时,我们描述了智力基础的两个不同的极点:一个是前瞻性的、预期性模式;另一个是筛选经验和先前结果的机制。近年来,人们对后一种形式的智慧越来越感兴趣,尤其是在战略管理领域。这可能源于这样一种感觉:在一个让大多数观察家感到变化越来越大、越来越复杂的商业环境中,人们更加强烈地感受到远见的局限性。管理学文献中充满了对"快速失败"的鼓励,并将初创企业视为实验品,测试其能否提供令人满意的、契合市场需求的产品(Reiss, 2011)。还有各种各样有关经验性学习的技术,更强调经典的理性概念。对实质选择权的使用和倡导,是这种方法的一个突出例子。"设计思维"(Osborn, 1953; Brown, 2009)代表了一种有趣的混合,因为这种方法的核心部分需要深入了解(潜在)用户的体验;同时,这些数据是"离线"或"白板"思维练习的素材。我们将考虑一系列实验,从随机对照试验中的高度结构化实验,到较少结构化的转向活动，再到强化学习、模仿和重组过程，并在此过程中强调了情境依赖的作用。基于这些观点，我们为孟德尔式管理者提出了一些适度的建议。

7.1　情境依赖与学习过程

学习过程中的一个关键挑战是，一个人能在多大程度上将一个特定的实例——在特定情境下采取的特定行动的回报——推广到其他场景中，这些"其他场景"可能是不同组织，或在不同时间点的同一实体。不同的学习机制对这一挑战的应对方式各不相同。鉴于此，我们将通过随机对照试验发现普遍真理的研究，与更狭义的试验研究进行了对比，例如 A/B 测试，该试验涉及在特定情境下进行的实验。然后将这些具有自我意识的实验，与强化学习、模仿和重组等非实验方法进行对比。

7.1.1　情境依赖和随机对照试验

要解决这个问题，最好从什么构成了随机对照试验（RCT），以及使用随机对照试验时经常出现的一些想当然的假设入手。近年来，随机对照实验越来越受欢迎，它可以消除对自然产生的数据中不受控制和不可测量的内生因素的担忧。战略不是随机分配给企业的。因此，当我们观察到一个特定战略的有效性时，很难分辨这种有效性是来自该战略的优点，还是来自采用该战略的组织其自身可能拥有的、无法测量的属性（Shaver，1998）。随机对照试验通过将人们感兴趣的行为（在当前情境下是一种策略）随机分配给特定的行为人，从而将人们从这种担忧中解放出来。对这些样本的观察，被认为可以清晰表明——实际上是从因果上表明——所考虑的备选方案的优点。[①]

在这方面，随机对照试验是洞察和理解的强大引擎。但是必须注意与这个特定"引擎"相关的一些限制。首先,随机对照试验提供了抽样总体的平均效果。这个"平均"混合了所有实验受试者的结果,对他们来说,干预可能产生积极影响,也可能产生消极的影响。这种分布可能仅仅反映了随机效应的随机性,但实验受试者之间的差异也有可能是系统性的。事实上,考虑一下在医疗干预试验的源情境下使用随机对照试验时所面临的一些挑战。最近对所谓"个性化药物治疗"的兴趣,是对受试者群体中重要的异质性因素的承认。一个平均疗效甚微的特定医疗方案,可能会对特定亚群体产生重要的治疗效果,而由于缺乏"平均效果",潜在的有希望的方法可能会被抛弃。当然,如果人们知道定义这些不同亚群体的特征,就可以对试验进行适当的分层,而最近的方法学进展正在推动一项工作,即基于未观察到的治疗效果划分样本人群(Athey and Imbens, 2016)。

　　一个相关的问题是,对更广泛的、假定可能适用的人群来说,调查样本的结果是否具有代表性。举例来说,如果有人在必修的心理学课上对大学本科生进行抽样调查,那么这些调查结果对于更广泛、更多样化的人群有多大的指导意义呢? 无论是种族和性别问题,还是一系列以美国为中心的战略研究,样本的非代表性问题正在受到关注。研究人员非常清楚样本的选择效应,这种效应往往表现为下面的形式:研究人员可能会被诱导将某一特定研究中的组织结构或战略等作为外生变量处理,从而产生可能的内生性。然而,作为学者群体,我们一直倾向于默认选择研究样本时要考虑便利性,或者要基于突显性。

　　平均效果的局限性和随机对照试验基础样本潜在的非代表性问题,最终都与"情境依赖"有关。情境在这里不仅指行为人所处的外部环境,还指"受试者"(subjects)的特定特征。后面这种可能的情境依赖问题,在战略领域尤为突出,这一领域特别重视独特的、企业特有的因素(Barney, 1991),在解释绩效差异(对我们通常感兴趣的最终结果的衡量)以及战略和实践(二者以复杂方式同时发生)时的作用(Porter, 1996)。

出于这些原因,在管理领域以随机对照试验为特征的工作,倾向于采用与相当基础的操作实践相对应的干预措施(Bloom, et al., 2013)相比之下,如果反思"战略"一词,它通常适用于选择具有重要的空间和(或)跨时期联系的场景(Levinthal, 2000；Leiblein, et al., 2018)。因此,无论是现在还是将来,情境对于"战略"行动的收益都至关重要。当然,只要随机对照试验能够成为一个有用的机制,用以确定可能普遍适用的最佳做法,这些努力就能发挥宝贵的作用。采用最佳实践肯定优于使用非最佳实践。然而,考虑到情境依赖问题,最佳实践的适用性仅限于这样的场景,在其中该实践的绩效影响在很大程度上独立于组织(或其他组织)可能参与的($n-1$)种其他行为(Levinthal, 2000；Rivkin, 2000)。[②]

从演化方法的优势来看,最佳实践将"基因"或实践的功效视为选择的对象。然而,在自然界中,或在随机对照试验范围之外那些具有自然主义背景的组织中,观察到的绩效是"表型"的函数,在整个实体的层面上；或者,也许在更精细的加总水平上是一个模块,或者可能是更广泛企业内的单个经营机构或工作组。对绩效进行评估的实体拥有一系列相互依赖的特征,就这种依赖性而言,情境依赖不仅暗示了评估结果所依据的适当组合单元,而且同样也表明了复制或模仿过程可能具备的优点。如果以与情境无关的方式看待随机对照试验的结果,则表明结果具有普遍性。然而,如果我们把情境依赖视为重要因素,这意味着"汲取的教训"被认为最好可能是"小范围应用"到其他实体中,这些实体与被推荐的高绩效形式的模型样板共享广泛的特征和性态。

在这方面,将试图确定某些一般真相的随机对照试验,与更有限的现场实验(如 A/B 测试)(Kohavi and Longbothnam, 2017)进行对比,是有趣的。A/B 测试检查了两种备选方案在特定情境下的效果。例如,如果价格以某种方式改变,如果网站以不同的格式提供信息,销售人员将如何响应? 它通常不作为一种机制来识别可能会跨越不同场景的一般结果。从这个意义上说,A/B 测试是强化学习的一种形式,但具有一定程度的并行性。两种行为被采用,观察到了两种结果,这些联合结果为在这一具体情境下采取行为提供了依据。因此,A/B 测试倾向于共享强化学习的其他属性:研究结果反映了情境依赖性,提供了一些行为的建议,而不是因果关系。因此,一系列 A/B 测试可能有助于一个组织微调其行为系统,但是它不需要提供一些更普遍的见解,即那些可以移植到其他组织,甚至可能移植到同一组织其他单位的见解。从这个意义上来说,A/B 测试模式提供了一种了解局部情况的爬山算法(Levinthal,1997)。

7.1.2　强化学习

强化学习的标准过程在很大程度上是情境依赖的,无论是焦点实体的一系列行为和特征,还是行为发生的外部环境。采取一种行为(可能是一种新的行为),如果结果被认为是有利的,那么在未来采取该行为的可能性就会增加。这个实验是局部性的,而且是特定于具体"地点"的。如果行为人 i 的行为 a 被认为是积极的,那么行为人 i 就更有可能在未来采取行为 a,或者至少在近期内采取该行为。焦点行为人与情境之间的所有关联方式,都会以某种形式反映在这种反馈中——无论是在个体层面,他们与组织内的其他人共同参与某一过程的情况,还是在更宏观的层面,比如运营单位的整体活动、其他运营单位的行为,以及行为人及其组织所处的生态位的特性。

尽管该特定行为在当时的回报反映了该行为发生的特定环境,但该行为在未来可能具有的价值,在很大程度上取决于情境的关键元素能否从一个时期持续到下一个时期。如果与之共同工作的同事会改变他们的行为,那么,时期 t 有效的这一行为,可能会在随后的时期被证明不那么有效。这种考虑强调了规例化行为模式的力量(Nelson and Winter,1982)。在更宏观的层面上,当外部情境发生变化时,例如由于"破坏性的"技术变化(Henderson and Clark,1990),这种潜在的异常状态构成了组织所面临的挑战。适当的加总单位和时间性的问题,不仅与可能影响绩效的各种偶然事件密切相关,而且根据我们之前对学习中短视现象的讨论(Levinthal and March,1993),还与作为反馈基础的结果度量方法密切相关。

因此,强化学习过程是强大的,因为它们在强化过程中充分整合了情境的影响,但如果当前情境对未来情境的参考性较弱,这种力量就很有限。这不仅适用于简单的强化学习过程,也适用于复杂的机器学习过程,详见第 4 章附录。机器学习的能力和有效性,取决于"训练"样本(先前的经验)与"预测"样本(未来的行为)的相似程度(Schaffer,1993)。因此,机器学习在相对稳定的环境或情境中是有效的。③然而,正如类比推理的力量(Holyoak and Thagard,1995;Gavetti,et al.,2005)和关于推广的工作(Sutton,1996)所表明的那样,将经验投射到那些不同的新环境中,是具有挑战性的,但却是可能的。

7.1.3 模仿和重组

我们的许多经验智慧不是自我生发的,也不是随机对照试验的结果;相反,进步的主要动力是模仿,在演化过程的情境下,模仿与不同的复制速度相对应(Hodgson and Knudsen,2010)。在有别于生物系统的社会系统中,这种差异复制通常表现为模仿过程。"模仿跟你相似的成功的人"这样的简单做法,可能是相关适宜做法的实用智慧基础。请注意,这与"复制最佳实践"的劝告不同。修饰语"跟你相似的人",作为情境依赖的载体,是这一主张的重要组成部分。因此,在相对相似的群体中,自然发生的复制是最有用的。这种说法似乎与我们通常对多样性(Page,2007)和重组的双重力量(Schumpeter,1934)的理解大相径庭。例如,在技术创新的背景下,有相当多的研究表明,现有思想和技术的新联系,往往会促发最有前途的创新(Hargadon and Sutton,1997;Fleming,2001)。

在相对相似的情况下,重组以及在有限范围内的复制可能是有价值的,为了使我们的传统智慧与这样一个会激发争议的观点相协调,我们不妨从一个生物学的例子开始。演化生物学家早就注意到,有性生殖与无性生殖过程在演化力量上的差异(Barton and Charlesworth, 1998)——无性生殖不仅生物学上是可能的,而且在许多物种中也实际存在。有性生殖与无性生殖相比,通过"重组"的力量,增加了后代的遗传多样性。然而,有争议的是,这种有性生殖不是一个随机匹配的过程,而是发生在一个单一物种内,实际上也是构成一个物种的决定性属性。这是一种具有强烈同质性的重组。演化生物学发展了强大的边界管理机制,因为只有同一物种内的交配才是生产性的。④

事实上,人们可能会在一群相互复制者中推测出一个最佳的相似度:它们应该足够相似,以便人们进行有用的复制,复制那些与成功相关的实践——因为不太可能存在未被观察到的异质性——但它们又足够不同,所以当然会促发创新的动机——这样就可以产生新的行为。当没有显著的不可观察的因素能影响被模仿者的行为和结果,但不能影响模仿者时,基于同质性的复制应该是稳健的。

更普遍地说,这一观点是经典的探索与利用间权衡的一种变体或类比。根据这种观点,在相对相似的个体之间进行混合和复制,让那些在源情境中的行为的优点,可以可靠地被转移到可能应用到的新环境中。这种更高的可靠性的价值,必须与来源方和接受方之间一定程度的差异相权衡。如果来源方和接受方的情境是相同的,我们可以复制优秀的实践,但模仿和复制的过程将不会产生新颖性(Posen, et al., 2013)。同时,如果两个情境在多个属性上有所不同,则将策略或一组行为从一个与高绩效相关联的情境引入到另一个情境中的做法,就不需要具有功能性。

在这方面,组织是有趣的"边界"目标。组织被认为具有独特和持久的文化和实践。文化是一个重要而普遍的情境变量:共享的价值观、规范、微妙的交流方式等。考虑一下这种共享情境对于选择实验中的人群可能意味着什么,无论是在人为设计的随机对照试验中,还是在自然发生的、随机程度较低的实验中。对一个更广泛的群体中的单个成员或子群体而言有效的变体,对于共享相同情境的其他成员和子群体,可能也同样是有用的变体。此外,考虑自然发生的变异的过程,及其可能的扩散。正如之前的研究发现的那样,我们通常在一个包罗万象的共同情境(如一个组织)下与其他相似的人联系在一起(Kleinbaum, et al., 2013)。如果这是真的,那些导致创新成功的变量,其突显性可能与情境共享的程度相关,因此,这种突显性的权重很可能与该变体在潜在目标群体中成功的可能性高度一致,就像在初始来源中一样。在这个意义上,同质复制就像一种代表性抽样的形式。

即使在一个特定的组织内,也有明显不同的亚文化(Jermier, et al., 1991;Boisnier and Chatman, 2003)。这些亚文化往往与行为人所处的不同任务环境相联系(Sackmann, 1992;Adkins and Caldwell, 2004),因此也可以发挥更微观的情境保存作用。与制造和运营部门的同事相比,营销人员彼此之间更像是伙伴,分享更多的规范、价值观和语言,而制造和运营部门的同事又与公司财务部门的同事不同。自然发生的实验,往往会在这些亚群体中出现和扩散(Reagans and McEvily, 2003)。有时,这种模式被视为一种病态,知识保持"黏性"(Szulanski, 1996)。当然,在某些重要的例子中,这种模式确实是不正常的,但知识采用的这种黏性或本地性可能也反映了情境化的重要程度。

7.1.4 情境依赖和实验的广度

类似于探索与利用之间的紧张关系,我们也面临着因果理解与随机对照试验所能提供的广泛可能的干预措施之间的紧张关系。因此,一方面存在类似于探索的可能性,另一方面是从相似的他人那里模仿的力量,这是一种类似于利用的过程,它不需要也不特别支持因果理解,并且只能将现有的实践和形式作为可能的候选者。此外,在随机对照试验和可能不完美的模仿或重组过程之间的这种对比,类似于本书开始时在理性选择的经典概念与达尔文式的演化过程之间的对比。当然,随机对照试验建议,相比标准的理性方法,战略家-实验者要更加谨慎地看待先验知识。它不仅强调学习,而且也没有像关于实验设计的决策理论研究那样,主张进行最佳实验(DeGroot, 1970)。在这方面,随机对照试验的战略家-实验者更像是孟德尔式的人物。

随机对照试验与孟德尔相似,因为它们是有意识的实验行为。与许多制定战略的经典方法相比,它们不依赖于假定的演绎推理的力量。然而,该方法并没有直接涉及路径依赖或人工选择的问题——这是本书所提出的视角的两大支柱。其隐含的假设是,任何实验都是可能的,只受制于行为人的想象力,而且评价通常被视为不成问题——只是统计抽样的一个技术问题。对路径依赖的考虑表明,行为可能需要的不仅仅是想象力,还需要一些必要的能力。此外,这种"想象力"与个人的经历是有关的(Gavetti and Menon, 2016)。而且,实验性试验的直接结果是其可能价值的一个有趣指标,但该指标在时间和"空间"上都是局域性的。也就是说,绩效指标是对即时反馈的某种衡量,并且该反馈与受干预的特定行为人相关联。然而,干预可能会产生非局域的影响。例如,基于行为人 j 可能参与的社会比较,行为人 i 的薪酬水平可能会对行为人 j 的满意度和动机产生影响(Bandiera, et al., 2010)。同样,定价和广告干预的短期影响可能与其长期影响有很大不同(Pauwels, et al., 2002)。

7.2 设计的含义

图 7.1 提供了在我们这项研究中提出的总体框架。本书强调了影响

组织动态的两个基本结构:路径依赖和人工选择。路径依赖描述了"相邻可能"的范围;但是,本着孟德尔式管理者的主动精神,组织对这一范围内的位置有极大的自由裁量权。人工选择起着两种截然不同的作用。人工选择的首要功能,是将市场层面和其他外部结果指标,映射到组织内部计划和行为人的筛选和强化过程中。人工选择的第二个,也是更高层次的考虑,是组织运行情境的选择。组织并不是内在地对应于某一个生态位,跨越不同生态位的移动,可能导致完全不同的结果和反馈信号。考虑到这一点,可以确定孟德尔式管理者的三个基本角色。⑤

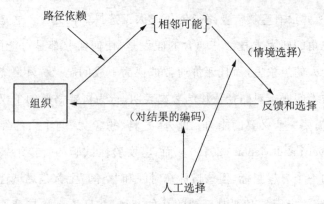

图 7.1 组织适应的动态

推动相邻可能:有效的增长和更新,不是要找出所有可能的最好的世界,而是要找出方法,以便组织可以利用其现有优势创造新的可能性。这项工作包含许多要素,包括支持对一系列潜在可能性进行扫描,并帮助将现有技能和行为与这些新的可能性联系起来。第 6 章中对物种形成的讨论强调,与最终被证明是非常重要的新技术和新业务发展相关的投资相对较少。然而,这些投资并不是零。此外,什么是"相邻",远不是显而易见的。正如第 5 章关于阿博特和"平面世界"的讨论所暗示的,一个组织需要攀登的潜在梯度可能是巨大的;此外,如前所述,组织有可能经营的潜在生态位通常是高度多样化的。因此,从给定的起点出发,组织可能攀登的功能性景观通常是相当广阔的,而同样具有潜在多样性的,是这些功能可能被应用的各种用途。从直接意义上说,孟德尔式管理者并不是这些难题的答案,而是一位编织组织文化和组织结构的工匠,能够推动一个强大而持续的搜索和发现过程。下文提出了一些基本原则,可以为这些努力提供参考。

不可知论的选择:"不可知论的选择"(agnostic selection)一词,用于强调一种具有挑战性的二元性,即进行严格的内部选择,以促进淘汰不太有希望的路径和扩大更有希望的路径,同时对可能援引的最佳选择标准保持极大的谨慎态度。正如我们在关于选择的讨论中强调的那样,组织的一个基本作用,是在整体经济环境的选择力量与组织内的特定项目、计划和个体之间进行调解。

组织当前经营的生态位的直接需求和信号,与组织内各种计划的选择标准之间,保持着潜在的松散耦合,这种耦合提供了多种选择标准的可能性,甚至在松弛搜索的情况下抑制选择本身。但是,这种松散的耦合并不意味着智慧,而仅仅意味着,可能存在不同甚至微妙的选择力量。组织内的一些个人可能拥有相当大的声誉资本,这可能会导致组织在一定程度上选择"押注"于这些个人,而忽略对他们当前做出的新贡献进行评价(Bower,1970;Kaplan, et al.,2009)。与此相关的是,该组织可能会参与人工智能研究人员所称的基于模型的评估(Sutton and Barto,1998),在这种评估中,结果的环境线索要么不存在,要么不被关注——相反,价值评估是基于一个信念模型,即什么构成了优越路径和中间结果。[6]关于"押注"在个人身上的可能性,有一个问题是,应该用什么样的信念来取代来自组织正在运行的当前焦点生态位所提供的直接线索。让组织中的其他人构想和追求新的行为方针是一回事。让这些工作继续进行下去,即便与自己的价值评估相悖,则是另一种挑战。

一种能够促进"有原则的不可知论"的方法，不是将一套标准强加给一项新的计划，而是让那些支持这项计划的人具体说明他们自己的"信念模式"，即为什么某一特定路径可能是可行的，以及支持这一可行性的相关指标是什么。然而，当最初的努力表明应该"转向"不同的功能梯度和不同的生态位时，这种方法就变得特别具有挑战性。这个转向要求不可知论者的选择者接受三重信念：初始信念集的合理性；同时，接受这些信念在现在的、事后的低于预期的特性；以及，接受三重信念中的最后一个，新提出的路径的合理性。

分别在一个成熟企业和一个羽翼未丰的"精益初创企业"的背景下，对比这种重定计划的过程如何运行，是很有趣的（Contgiani and Levinthal，2019）。正如 Gibbons 和 Henderson（2012）观察到的那样，这种重定计划需要各方之间相当程度的信任——在这种情况下，是对为实现计划所付出的真诚努力的信任，以及对关键行为人的才能和洞察力的信任。虽然"转向"已成为初创企业界的一个著名规范（Blank，2003；Ries，2011），但这一过程似乎很难吸引更成熟企业的注意力。这两种场景之间的一个重要区别是，与大型组织中的新计划相比，初创企业的规模更小，行为和结果更透明。另一个重要的区别是，在精益初创企业的情境下，缺乏并行性，因为这种方法强调要有单一的焦点。这种缺乏并行性意味着，要么资源将通过"转向"重新分配，要么组织本身将终止，资源将通过资本和劳动力市场重新分配。相比之下，一个成熟的企业通常支持一系列不同的计划，从而使资源从一个计划重新调整到另一个计划。同一组织内的并行发展路径，允许通过组织内计划的筛选和扩展来进行调适。在精益初创企业的情境下，转向是组织内部调适的唯一一机制。

参与生态系统：虽然多恩（Donne）有一句名言是"没有人是一座孤岛"，但类似的观点也适用于商业企业。特别是，有大量研究强调了互补在整体商业模式中的重要性（Teece，1986；Adner，2012），还有关于组织影响其环境的可能性和重要性的观察，无论这种影响是要努力提高合法性（Sine and Lee，2009），还是要影响组织运营的监管结构（Ahuja，et al.，2018）。

孟德尔式管理者面临的进一步挑战是，他们需要探索与不同组织的联系，通过反馈和信号，这些联系既可以指导组织内能力和资源的发展，又可以推荐有前途的相邻生态位和应用领域。在对参与并潜在地塑造不同生态位的做法进行评价时，面临着下述挑战：事先须评估哪些行动可能是有用的；以及，事后在评估内部协调行动所带来的结果指标时存在模糊性。因此，尽管组织所能够运营的生态系统为孟德尔管理者提供了更广阔的"画布"，但对画笔效果的限制仍然存在。

约翰·加德纳（John Gardner，1972）指出，我们对生长和衰退的思考主要是由单一寿命的形象主导的，但他认为，"对于一个不断更新的社会来说，合适的形象是一个完整的花园、一个平衡的水族馆，或其他生态系统。有些东西在诞生，有些东西在繁荣，还有一些东西在消亡——但这个体系却在继续存在。"根据加德纳的观察，具有持续寿命的实体本身并不是静态的。一个人可能活到 100 岁，但他的细胞个体在快速、持续地自我更新。组织面临着一个更大的挑战，不仅要使一种固定的形式重新焕发活力，还要允许这种形式发展，既要利用新的机会，又要应对当前环境中的变化。孟德尔式管理者以谦卑的态度对待他们自己对未来的洞察力，以培育一个有能力进行这种更新的组织，但与此同时，孟德尔式管理者切实行动起来，并充当组织一方的创造性行为的催化剂。

驱动组织适应的引擎，是渗透在整个组织中的一系列计划、理念、产品、技术等，以及一些筛选和放大这些"变量"的机制。在一个时间点上的活动的现存种群，与该种群在更早的时间点上的样子，并不是不相关的——这就是路径依赖的性质。此外，选择的根据显然不是与历史无关的。可以说，管理领域不仅应该考虑能体现所追求的理性的具体工具，还应该考虑一个更普遍的框架，以便在特别复杂和不断变化的环境中，定位意向性和适应性的挑战。路径依赖和人工选择的双重机制,很有希望成为担当这一角色的候选者。

这一切让我们的孟德尔式管理者何去何从呢?虽然"引导式演化"(guided evolution)这个术语已经被引入到管理学的演化视角中(Lovas and Ghoshal, 2000),但是,"引导"这个与本书提出的框架相关的修饰语,可以说是具有误导性的。是的,孟德尔式管理者在培育组织成为一个有效的适应性实体方面,发挥着关键作用,但他们必须在对于什么构成了理想的路径没有一个清晰或明确的看法的情况下,做到这一切。要保持"园艺"或栽培的形象,任务不是培育具有独特颜色的特定品种的玫瑰。相反,任务是要成为一个组织的催化剂,而该组织的期望产品和服务并不是先验明确的。孟德尔式管理者是通往未知未来的希望之路的催化剂和培育者。

注 释

① 这一部分内容来自与法尼什·普拉纳姆的讨论。
② 在这方面,考虑孟德尔自己的实验设计是有趣的。鉴于对个体特征的关注,孟德尔选择追踪豌豆的 7 种不同属性,这些属性很容易识别。孟德尔的实验室笔记表明,他最初追踪了 15 种特征,然后将范围缩小到 7 种,这反映了他对特征的谨慎选择(Henig, 2001)。一个合理的推测是,他放弃了那些相互关联而且是同时发生的特征,包括花的颜色和花粉的形状,不放弃就会使他的实验设计复杂化。现代生物学研究确实表明,在构成豌豆的 7 条染色体中,孟德尔关注的 7 种性状中有 5 种由不同的染色体决定,2 种位于同一染色体的远端。因此,孟德尔仔细地选择了他的实验情境,以消除他所测量的性状的相互依赖性,从而能够创建一个实验设计,使关于加工处理(杂交育种)和控制(纯种)的推论变得清晰。
③ 这种情境的稳定性应该与情境中可能的动态区别开来。例如,自动驾驶汽车必须适应其他车辆、行人和偶尔出现故障的交通信号等高度动

态化的情境。然而,用于解决自动驾驶汽车问题而训练的运算规则,并不等同于象棋比赛或识别新药品的规则,因此,尽管它们的焦点情境具有动态元素,但却是一个相当受限的领域。

④　与我们的论点一致,虽然骡子是公驴和母马的后代——这是一个有趣而人们熟悉的异常现象——但骡子本身不能繁殖。

⑤　从这个意义上说,这里提出的"孟德尔式管理者"的比喻,与确实进行了精心控制的实验测试的、真实的孟德尔式人物是不同的。

⑥　在这方面,考虑所谓的"执行者-评论家"模型(Holland, et al., 1986)是很有趣的,正如第4章附录中所指出的,这类模型具有"孟德尔式"的性质。评估不仅建立在直接试验的基础上,还建立在对执行者的评价函数的基础上。此外,这个估值函数本身,会通过在特定情境中以及跨情境的经验而进化,而这一过程的有效性,取决于在对情境进行编码时的分类方案的质量,后者是学习系统中的一个关键要素。

参考文献

Abbott, E. (1884) *Flatland: A Romance of Many Dimensions*. Seely & Co: London.

Abernathy, W. and J. Utterback (1978) "Patterns of industrial innovation." *Technology Review*, 80: 41–47.

Adkins, B. and D. Caldwell (2004) "Firm or subgroup culture: where does fitting in matter most?" *Journal of Organizational Behavior*, 25(8): 969–78.

Adner, R. (2002) "When are technologies disruptive? A demand-based view of the emergence of competition." *Strategic Management Journal*, 667–88.

Adner, R. (2012) *The Wide Lens*. Penguin Press: New York.

Adner, R. (2017) "Ecosystems as structure: an actionable construct for strategy." *Journal of Management*, 43: 39–58.

Adner, R. and D. A. Levinthal (2002) "The emergence of emerging technologies." *California Management Review*, 45(1): 50–66.

Adner, R. and D. Levinthal (2004) "Real options and real tradeoffs." *Academy of Management Review*, 29: 120–6.

Adner, R. and D. Levinthal (2008) "Doing versus seeing: acts of exploitation and perceptions of exploration. *Strategic Entrepreneurship Journal*, 2: 43–52.

Adner, R. and P. Zemsky (2005) "Disruptive technologies and the emergence of competition." *Rand Journal*, 36(2): 229–54.

Ahuja, G., L. Capron, M. Lenox, and D. Yao (2018) "Strategy and the institutional envelope." *Strategy Science*, 3(2): ii–x.

Alchian, A. and H. Demsetz (1972) "Production, information cost and economic organization." *American Economic Review*, 62(5): 777–95.

Aldrich, H. (1999) *Organizations Evolving*. Sage Publications: London.

Amram, M. and N. Kulatilaka (1999) *Real Options: Managing Strategic Investment in an Uncertain World*. Harvard Business School Press: Boston.

Anderson, P. and M. Tushman (1990) "Technological discontinuities and dominant designs: a cyclical model of technological change." *Administrative Science Quarterly*, 35(4): 604–33.

Andrews, K. (1971) *The Concept of Corporate Strategy*. Dow-Jones Irwin: Homewood, IL.

Argote, L. (1999) *Organizational Learning: Creating, Retaining and Transferring Knowledge*. Kluwer: Norwell, MA.

Argyris, C. and D. Schon (1974) *Theory in Practice*. Jossey-Bass: San Francisco.

Arthur, B. (1989) "Competing technologies, increasing returns, and lock-in by historical events." *Economic Journal*, 99: 116–31.

Arthur, W. (2002) "The emerging conceptual framework of evolutional developmental biology." *Nature*, 415(14): 757–64.

Athey, S. and G. Imbens (2016) "Recursive partitioning for heterogeneous causal effects." *PNAS*, 113(27): 7353–60.

Baldwin, C. (2007) "Where do transactions come from? Modularity, transactions, and the boundaries of firms." *Industrial and Corporate Change*, 17(1): 155–95.

Baldwin, C. and K. Clark (2000) *Design Rules: The Power of Modularity*. MIT Press: Cambridge, MA.

Bandiera, O., I. Barankay, and I. Rasul (2010) "Social incentives in the workplace." *Review of Economic Studies*, 77(2): 417–58.

Barnett, W. (2008) *The Red Queen among Organizations*. Princeton University Press: Princeton.

Barney, J. (1986) "Strategic factor market: expectations, luck, and business strategy." *Management Science*, 32(10): 1231–41.

Barney, J. (1991) "Firm resources and sustained competitive advantage." *Journal of Management*, 17(1): 99–120.

Baron, J., D. Burton, and M. Hannan (1996) "The road taken: origins and evolution of employment systems in emerging companies." *Industrial and Corporate Change*, 5: 239–75.

Barron, D., E. West, and M. Hannan (1994) "A time to grow and a time to die: growth and mortality of credit units in New York City, 1914–1990." *American Journal of Sociology*, 100: 381–421.

Barton, N. and B. Charlesworth (1998) "Why sex and recombination?" *Science*, 281: 1986–90.

Basalla, G. 1988. *The Evolution of Technology*. Cambridge University Press: New York.

Battilana, J. and M. Lee (2014) "Advancing research on hybrid organizing: insights from the study of social enterprises." *Academy of Management Annals*, 8: 397–441.

Baumann, O., J. Schmidt, and N. Stieglitz (2019) "Effective search in rugged performance landscapes." *Journal of Management*, 45(1): 285–318.

Beckman, C. and M. Burton (2008) "Founding the future: path dependence in the evolution of top management teams from founding to IPO." *Organization Science*, 19: 3–24.

Bellman, R. (1957) *Dynamic Programming*. Princeton University Press: Princeton.

Bellman, R. (1961) *Adaptive Control Processes: A Guided Tour*. Princeton University Press: Princeton.

Benner, M. and R. Ranganathan (2013) "Divergent reaction to convergent strategies: Investor beliefs and analysts reactions during technological change". *Organization Science*, 24(2): 378-394.

Berger, P. and T. Luckmann (1967) *The Social Construction of Reality*. Anchor Books: New York.

Berry, D. and B. Fristedt (1985) *Bandit Problems: Sequential Allocation of Experiments*. Chapman and Hall: London.

Birnholtz, J., M. Cohen, and V. Susannah (2007) "Organizational character: on the regeneration of Camp Popular Grove." *Organization Science*, 18(2): 315–32.

Blank, S. (2003) *The Four Steps to the Epiphany: Successful Strategies for Products That Win*. CafePress: Foster City, CA.

Bloch F., E. C. Levinthal, and M. E. Packard (1947) "Relative nuclear moments of H1 and H2." *Physics Review*, 72: 1125–6.

Block, Z. and I. MacMillan (1993) *Corporate Venturing: Creating New Businesses within the Firm*. Harvard Business School Press: Boston.

Bloom, N., E. Benn, A. Mahajan, D. McKenzie, and J. Roberts (2013) "Does management matter: evidence from India." *Quarterly Journal of Economics*, 128(1): 1–51.

Boisnier, A. and J. A. Chatman (2003) "The role of subcultures in agile organizations." In *Leading and Managing People in Dynamic Organizations*, ed. R. Peterson and E. Mannix, pp. 87–112.

Earlbaum: Mahwah, NJ.

Bower, J. (1970) *Managing the Resource Allocation Process.* Harvard Business School Press: Boston.

Bowman, E. H. and G. T. Moskowitz (2001) "Real options analysis and strategic decision making." *Organization Science*, 12: 772–7.

Bradach, J. (1997) "Using the plural form in the management of restaurant chains." *Administrative Science Quarterly*, 42: 276–303.

Brittain, J. and J. Freeman (1980) "Organizational proliferation and density dependent selection." In *The Organizational Life-Cycle*, ed. J. Kimberly and R. Miles, pp. 291–341. Jossey-Bass: San Francisco.

Brown, T. (2009) *Change by Design: How Design Thinking Transforms Organizations and Inspires Innovation.* HarperCollins: New York.

Burgelman, R. (1991) "Intraorganizational ecology of strategy making and organizational adaptation: theory and field research." *Organization Science*, 2: 239–62.

Burgelman, R. (1994) "Fading memories: a process theory of strategic business exit in dynamic competitive environments." *Administrative Science Quarterly*, 39: 24–56.

Campbell, D. T. (1965) "Variation and selective retention in sociocultural evolution." In *Social Change in Developing Areas: A Reinterpretation of Evolutionary Theory*, ed. H. R. Barringer, G. I. Blanksten, and R. W. Mack, pp. 19–49. Schenkman: Cambridge, MA.

Carroll, G. and A. Swaminathan (2000) "Why the microbrewery movement? Organizational dynamics of resource partitioning in the U.S. brewing industry." *American Journal of Sociology*, 106(3): 715–62.

Cattani, G. 2005. "Pre-adaptation, firm heterogeneity and technological performance: a study on the evolution of fiber optics, 1970–1995." *Organization Science*, 16(6): 563–80.

Cattani, G. and D. Levinthal (2005) "Reconciling phyletic gradualism with punctuated equilibrium: an integrated view of evolutionary change." Unpublished memo.

Chesbrough, H. 2002. "Graceful exits and foregone opportunities: Xerox's management of its technology spinoff organizations." *Business History Review*, 76(4): 803–38.

Christensen, C. (1997) *The Innovator's Dilemma.* Harvard University Press: Cambridge, MA.

Christensen, C. and R. Rosenbloom (1995) "Explaining the attractors advantage and technological paradigms, organizational dynamics, and the value network." *Research Policy*, 24: 237–57.

Christensen, M. and T. Knudsen (2010) "Design of decision-making organizations." *Management Science*, 56(1): 71–89.

Coase, R. (1937) "The nature of the firm." *Economica*, 4(16): 386–405.

Cohen, W. and D. Levinthal (1989) "Innovation and learning: the two faces of r&d." *Economic Journal*, 99: 569–96.

Cohen, W. and D. Levinthal (1990) "Absorptive capacity: a new perspective on learning and innovation." *Administrative Science Quarterly*, 35: 128–52.

Cohen, W. and D. Levinthal (1994) "Fortune favors the prepared firm." *Management Science*, 40: 227–51.

Cohen, M. D., J. G. March, and J. P. Olsen (1972) "A garbage can model of organizational change." *Administrative Science Quarterly*, 17: 1–25.

Contigiani, A. and D. Levinthal (2019) "Situating the construct of lean start-up: adjacent conversations and possible future directions." *Industrial and Corporate Change*, 28: 551–64.

Csaszar, F. (2013) "An efficient frontier in organizational design: organizational structure as a determinant of exploration and exploitation." *Organization Science*, 24(4): 1083–1101.

Csaszar, F. and D. Levinthal (2016) "Mental representation and the discovery of new strategies." *Strategic Management Journal*, 37: 2013–49.

Cyert, R. and J. March (1963) *A Behavioral Theory of the Firm*. Prentice-Hall: Englewood, NJ.

D'Aveni, R. (1994) *Hypercompetition*. Free Press: New York.

Darwin, Charles (1859) *On the Origin of the Species by Means of Natural Selection*. Murray: London.

David, P. (1985) "Clio and the economics of QWERTY." *American Economic Review*, 75(2): 332–7.

Dawkins, R. (1987) *The Blind Watchmaker*. W. W. Norton: New York.

DeGroot, M. (1970) *Optimal Statistical Decisions*. McGraw-Hill: New York.

Dennett, D. (1991) *Consciousness Explained*. Little Brown: Boston.

Dennett, D. (1995) *Darwin's Dangerous Idea*. Simon & Schuster: New York.

Denrell, J., C. Fang, and D. Levinthal (2004) "From T-mazes to labyrinths: learning from model-based feedback." *Management Science*, 50: 1366–78.

Denrell, J. and J. March (2001) "Adaptation as information restriction: the hot stove effect." *Organization Science*, 12(5): 523–38.

Dierickx, I. and K. Cool (1989) "Asset stock accumulation and sustainability of competitive advantage." *Management Science*, 35: 1504–11.

Dosi, G. (1983) "Technological paradigms and technological trajectories." *Research Policy*, 11: 147–62.

Dushnitsky, G. and M. Lenox (2005) "When do firms undertake R&D by investing in new ventures?" *Strategic Management Journal*, 26: 947–65.

Dushnitsky, G. and Z. Shapira (2010) "Entrepreneurial finance meets organizational reality: comparing investment practices and performance of corporate and independent venture capitalists." *Strategic Management Journal*, 31: 990–1017.

Eisenhardt, K. and J. Martin (2000) "Dynamic capabilities: what are they?" *Strategic Management Journal*, 21: 1105–21.

Eldredge, N. and S. J. Gould (1972) "Punctuated equilibria: an alternative to phyletic gradualism." In *Models in Paleobiology*, ed. T. J. M. Schopf, pp. 82–115. Freeman, Cooper and Co.: San Francisco.

Elfwing, S., E. Uchibe, K. Doya, and H. Christensen (2008) "Co-evolution of shaping rewards and meta-parameters in reinforcement learning." *Adaptive Behavior*, 16: 400–12.

Ethiraj, S. (2007) "Allocation of inventive effort in complex product systems." *Strategic Management Journal*, 28: 563–84.

Ethiraj, S. and D. Levinthal (2004) "Modularity and innovation in complex systems." *Management Science*, 50(2): 159–73.

Ethiraj, S. and D. Levinthal (2009) "Hoping for A to Z while rewarding only A: complex organizations and multiple goals." *Organization Science*, 20: 4–24.

Feigenbaum, E. (1978) "The art of artificial intelligence: themes and case studies." *AFIPS Conference Proceeding*, 47: 227.

Feldman M. and B. Pentland (2003) "Reconceptualizing organizational routines as a source of flexibility and change." *Administrative Science Quarterly*, 48(1): 94–118.

Fleming, L. (2001) "Recombinant uncertainty in technological search." *Management Science*, 47(1): 117–32.

Fligstein, N. (1985) "The spread of the multidivisional form among large firms, 1919–1979." *American Sociological Review*, 50: 377–91.

Freeland, R. and E. Zuckerman Sivan (2018) "The problems and promise of hierarchy: voice rights and the firm." *Sociological Science*, 5: 143–81.

Fudenberg, D. and J. Tirole (1988) *The Theory of Industrial Organization*. MIT Press: Cambridge, MA.

Ganz, S. (2018) "Ignorant decision making and educated inertia: some political pathologies of organizational learning." *Organization Science*, 29(1): 39–57.

Gärdenfors P. (2000) *Conceptual Spaces: The Geometry of Thought*. MIT Press: Cambridge, MA.

Gardner, J. (1972) *In Common Cause*. W. W. Norton: New York.

Gavetti, G. (2012) "Toward a behavioral theory of strategy." *Organization Science*, 23(1): 267–85.

Gavetti, G., C. Helfat, and L. Marengo (2017) "Searching, shaping, and the quest for superior performance." *Strategy Science*, 2(3): 194–209.

Gavetti, G. and D. Levinthal (2000) "Looking forward and looking backward: cognitive and experiential search," *Administrative Science Quarterly*, 45: 113–37.

Gavetti, G., D. Levinthal, and W. Ocasio (2007) "Neo-Carnegie: the Carnegie School's past, present, and reconstructing for the future." *Organizational Science*, 18: 523–36.

Gavetti, G., D. A. Levinthal, and J. W. Rivkin (2005) "Strategy making in novel and complex worlds: the power of analogy." *Strategic Management Journal*, 26(8): 691–712.

Gavetti, G. and A. Menon (2016) "Evolution cum agency: toward a model of strategic foresight." *Strategy Science*, 1(3): 207–33.

Gersick, C. J. G. (1988) "Time and transition in work teams." *Academy of Management Journal*, 31: 10–36.

Gersick, C. J. G. (1991) "Revolutionary change theories: a multilevel exploration of the punctuated equilibrium paradigm." *Academy of Management Journal*, 16(1): 10–36.

Ghemawat, P. (2002) "Competition and business strategy in historical perspective." *Business History Review*, 76(1): 37–74.

Gibbons, R. (1999) "Taking Coase seriously." *Administrative Science Quarterly*, 44(1): 145–57.

Gibbons, R. and R. Henderson (2012) "Relational contracts and organizational capabilities." *Organization Science*, 23(5): 1350–64.

Gibbons, R. and J. Roberts (2013) *Handbook of Organizational Economics*. Princeton University Press: Princeton.

Gittins, J. C. (1979) "Bandit processes and dynamic allocation indices." *Journal of the Royal Statistical Society*, Series B Methodological, 41(2): 148–77.

Goldschmidt, R. B. (1940) *The Material Basis of Evolution*. Yale University Press: New Haven.

Gould, S. J. (1980) *The Panda's Thumb*. W. W. Norton: New York.

Gould, S. J. and N. Eldridge (1977) "Punctuated equilibria: the tempo and mode of evolution reconsidered." *Paleobiology*, 3: 115–51.

Gould, S. J. and R. Lewontin (1979) "The spandrels of San Marco and the Panglossian paradigm: a critique of the adaptationist programme." *Proceedings of the Royal Society of London. Series B, Biological Sciences*, 205: 581–98.

Gould, S. J. and E. S. Vrba (1982) "Exaptation: a missing term in the science of form." *Paleobiology*, 8: 4–15.

Greiner, L. (1972) "Evolution and revolution as organizations grow." *Harvard Business Review*, 50(4): 37–46.

Guler, I. (2018) "Pulling the plug: the capability to terminate unsuccessful projects and firm performance." *Strategy Science*, 3: 481–97.

Greve, H. (2003) *Organizational Learning from Performance Feedback*. Cambridge University Press: Cambridge.

Gurley, W. (1999) "The rising importance of the great art of story telling." *Above the Crowd*. Available at cnetnews.com. October 18, 1999.

Gwyne, P. (1997) "Skunk works—1990s style." *Research & Technology Mangaement*, 40(4): 18–23.

Halford, G., W. Wilson, J. Guo, W. Gayler, J. Wiles, and J. Stewart (1994) "Connectionist implications for processing capacity limitations in analogies." In *Advances in Connectionist and Neural Computation Theory, Vol. 2. Analogical Connections*, ed. K. Holyoak and J. Barnden, pp. 363–415. Ablex: Norwood, NJ.

Hall, B., B. Pearson, and G. Müller. (2003) *Environment, Development, and Evolution*. MIT Press: Cambridge, MA.

Hannan, M. and J. Freeman (1984) "Structural inertia and organizational change." *American Sociological Review*, 82: 149–64.

Hannigan, T., R. Haans, K. Vakili, H. Tschalian, V. Glaser, S. Kaplan, and P. D. Jennings (2019) "Topic modeling in management research." *Academy of Management Annals*, 13: 586–632.

Hargadon, A. and R. Sutton (1997) "Technology brokering and innovation in a product development firm". *Administrative Science Quarterly*, 42(4): 716–49.

Hawk, A., G. Pacheco de Almeida, and B. Yeung (2013) "Fast-mover advantages: speed capabilities and entry into the emerging submarket of Atlantic Basin LNG. *Strategic Management Journal*, 34(13): 1531–50.

Helfat, C., S. Finkelstein, W. Mitchell, M. Peteraf, H. Singh, D. Teece, and S. Winter (2007) *Dynamic Capabilities*. Blackwell Publishing: Oxford.

Henderson, R. and K. Clark (1990) "Architectural innovation: the reconfiguration of existing product technologies and the failure of established firms." *Administrative Science Quarterly*, 35: 9–30.

Henig, R. M. (2001) *The Monk in the Garden*. Mariner Books: New York.

Hodgson, G. and T. Knudsen (2010) *Darwin's Conjecture: The Search for General Principles of Social and Economic Evolution*. University of Chicago Press: Chicago.

Holland, J. (1975) *Adaptation in Natural and Artificial Systems: An Introductory Analysis with Applications in Biology, Control & Artificial Intelligence*. University of Michigan Press: Ann Arbor.

Holland, J., K. Holyoak, R. Nisbett, and P. Thagard (1986) *Induction: Processes of Inference, Learning, and Discovery*. MIT Press: Cambridge, MA.

Holmstrom, B. (2017) "Pay for performance and beyond." *American Economic Review*, 197(7): 1753–77.

Holyoak, K. and P. Thagard (1995) *Mental Leaps: Analogy in Creative Thought*. MIT Press: Cambridge, MA.

Hrebeniak, L. and W. Joyce (1985) "Organizational adaptation: strategic choice and environmental determinism." *Administrative Science Quarterly*, 30: 336–45.

Hsu, G. and M. Hannan (2005) "Identities, genres, and organizational forms." *Organization Science*, 16(5): 474–90.

Iyer, B. and T. H. Davenport (2008) "Reverse engineering Google's innovation machine" *Harvard Business Review*, 86(4): 58–68.

Jacobides, M. G., T. Knudsen, and M. Augier (2006) "Benefiting from innovation: value creation, value appropriation and the role of industry architectures." *Research Policy*, 35: 1200–21.

Jermier, J. M., J. W. Slocum, Jr, L. W. Fry, and J. Gaines (1991) "Organizational subcultures in a soft bureaucracy: resistance behind the myth and facade of an official culture." *Organization Science*, 2(2): 170–94.

Joseph, J. and V. Gaba (2014) "The fog of feedback: ambiguity and firm-responses to multiple aspiration levels." *Strategic Management Journal*, 36: 1960–78.

Joseph, J. and W. Ocasio (2012) "Architecture, attention, and adaptation in the multibusiness firm: General Electric from 1951 to 2001." *Strategic Management Journal*, 33: 633–60.

Kale, P. and H. Singh (2007) "Building firm capabilities through learning: the role of alliance learning process in alliance capability and firm-level alliance success." *Strategic Management Journal*, 28: 981–1000.

Kanter, R. M. (1988) "When a thousand flowers bloom." *Research in Organizational Behavior*, 10: 169–211.

Kaplan, S. (2008) "Framing contests: strategy making under uncertainty." *Organization Science*, 19(5): 729–52.

Kaplan, S. N., B. A. Sensoy, and P. Strömberg (2009) "Should investors bet on the jockey or the horse? Evidence from the evolution of firms from early business plans to public companies". *The Journal of Finance*, 64(1): 75–115.

Kauffman, S. (2000) *Investigations*. Oxford University Press: Oxford.

Kauffman, S. and S. Levins (1987) "Toward a general theory of adaptive walks on rugged landscapes." *Journal of Theoretical Biology*, 128: 11–45.

Kimberly, J. and R. Miles (1981) *The Organization Life Cycle*. Jossey-Bass: San Francisco.

Kingdon, J. (1984) *Agendas, Alternatives, and Public Policy*. HarperCollins: New York.

Kleinbaum, A., T. Stuart, and M. Tushman (2013) "Discretion within constraint: homophily and structure in a formal organization." *Organization Science*, 24(5): 1316–36.

Klepper S. (1996) "Entry, exit, growth and innovation over the product life cycle." *American Economic Review*, 86(3): 562–83.

Klepper, S. and P. Thompson (2010) "Disagreements and intra-industry spinoffs." *International Journal of Industrial Organization*, 28(5): 526–38.

Knight, F. (1921) *Risk, Uncertainty, and Profit*. Houghton Mifflin: Boston.

Knudsen, T. and G. Hodgson (2010) *Darwin's Conjecture*. University of Chicago Press: Chicago.

Knudsen, T. and D. Levinthal (2007) "Two faces of search: alternative generation and alternative evaluation." *Organizational Science*, 18: 39–54.Kohavi, R. and R. Longbotham (2017). "Online controlled experiment and a/b testing." In Encyclopedia of Machine Learning and Data Mining Ed. C. Sammut and G. Webb. Springer: New York.

Krizhevsky, A., L. Sutskever, and G. Hinton (2012) "ImageNet classification with deep convolutional neural networks." *Proceedings of the 25th International Conference on Neural Information Processing Systems*, pp. 1097–1105.

Lansing, S. (1987) "'Water temples' and the management of irrigation." *American Anthropologist*, 89: 326–41.

Lave, C. and J. G. March (1975) *An Introduction to Models in the Social Sciences*. Harper & Row: New York.

Lavie, D., J. Kang, and L. Rosenkopf (2011) "Balance within and across domains: the performance implications of exploration and exploitation in alliances." *Organization Science*, 22(6): 1517–38.

Leiblein, M., J. Reuer, and T. Zenger (2018) "What makes a decision strategic?" *Strategy Science*, 3: 555–73.

Leonard-Barton, D. (1992) "Core capabilities and core rigidities: a paradox in managing new product development." *Strategic Management Journal*, 13: 111–25.

Levine, J. M. and R. Moreland (1991) "Culture and socialization in work groups." In *Perspectives on Socially Shared Cognition*, ed. L. B. Resnick, J. M. Levine, and S. D. Teasley, pp. 257–79. American Psychological Association: Washington, D.C.

Levinthal, D. (1991a) "Organizational adaptation and environmental selection: interrelated processes of change." *Organizational Science*, 2: 140–5.

Levinthal, D. (1991b) "Random walks and organizational mortality." *Administrative Science Quarterly*, 36: 397–420.

Levinthal, D. (1997) "Adaptation on Rugged Landscapes." *Management Science*, 43: 934–50.

Levinthal, D. (1998) "The slow pace of rapid technological change: gradualism and punctuation in technological knowledge." *Industrial and Corporate Change*, 7(2): 217–47.

Levinthal, D. (2000) "Organizational capabilities in complex worlds." In *The Nature and Dynamics of Organizational Capabilities*, ed. G. Dosi, R. Nelson, and S. Winter, pp. 364–80. Oxford University Press: Oxford.

Levinthal, D. (2002) "Cognition and models of adaptive learning." in *Economics of Change, Choice, and Structure: Essays in the Memory of Richard M. Cyert*, ed. J. March and M. Augier. Edward Elgar Publishing, Ltd.: Cheltonham.

Levinthal, D. (2011) "A behavioral approach to strategy: what's the alternative?" *Strategic Management Review*, 32: 1517–24.

Levinthal, D. (2017) "Resource allocation and firm boundaries." *Journal of Management*, 43(8): 2580–7.

Levinthal, D. and J. March (1993) "The myopia of learning." *Strategic Management Journal*, 14: 95–112.

Levinthal, D. and A. Marino (2015) "Three facets of organizational adaptation: selection, variety, and plasticity." *Organization Science*, 26(3): 743–55.

Levinthal, D. and H. Posen (2007) "Myopia of selection: does organizational adaptation limit the efficacy of population selection?" *Administrative Science Quarterly*, 52: 586–620.

Levinthal, D. and C. Rerup (forthcoming) "The plural of goal: learning in a world of ambiguity." *Organization Science*.

Levinthal, D. and M. Warglien (1999) "Landscape design: designing for local action in complex worlds." *Organization Science*, 10: 342–57.

Levinthal, D. and B. Wu (2010) "The rational tradeoff between corporate scope and profit margins: the role of capacity-constrained capabilities and market maturity." *Strategic Management Journal*, 31: 780–801.

Levitt, B. and J. G. March (1988) "Organizational learning." *Annual Review of Sociology*, 14: 319–40.

Lewis, C. S. (2005) *The Magician's Nephew*. HarperCollins: New York.

Lichtenstein, B. M. (1995) "Evolution or transformation: a critique and alternative to punctuated equilibrium." *Academy of Management Proceedings*, 1: 291–8.

Lovas, B. and S. Ghoshal (2000) "Strategy as guided evolution." *Strategic Management Journal*, 21(9): 875–96.

Luce, R. 1959. *Individual Choice Behavior: A Theoretical Analysis*. Wiley: New York.

March, J. (1962) "The firm as a political coalition." *American Political Science Review*, 24(4): 162–78.

March, J. G. (1991) "Exploration and exploitation in organizational learning." *Organization Science*, 2: 71–87.

March, J. G. (1994) *A Primer on Decision-Making*. Free Press: New York.

March, J. G. (2006) "Rationality, foolishness, and adaptive intelligence." *Strategic Management Journal*, 27: 201–14.

March, J. G. and J. P. Olsen (1984) "The new institutionalism: organizational factors in political life." *American Political Science Review*, 78: 734–49.

March, J. G. and H. Simon (1958) *Organizations*. Wiley: New York.

March, J. G., L. Sproul, and M. Tamuz (1991) "Learning from samples of one or fewer." *Organization Science*, 2: 1–13.

Mayr, E. (1988) *Toward a New Philosophy of Biology: Observations of an Evolutionist*. Harvard University Press: Cambridge, MA.

McGahan, A. and M. Porter (1997) "How much does industry matter, really?" *Strategic Management Journal*, 18: 15–30.

McGrath, R. G. (1997) "A real options logic for initiating technology positioning investments." *Academy of Management Review*, 22: 974–96.

Michels, R. (1915) *Political Parties*. Hearst Library Co.: New York.

Miller, D. and P. H. Friesen (1980) "Momentum and revolution in organizational adaptation." *Academy of Management Journal*, 23(4): 591–614.

Miner, A. and P. Haunschild (1995) "Population level learning." In *Research in Organizational Behavior*, ed. L. L. Cummings and B. M. Staw, pp. 115–66. JAI Press: Greenwich, CT.

Minsky, M. (1961) "Steps toward artificial intelligence." **Proceedings of the IRE**, 49(1): 8–30.

Mokyr, J. (1990) "Punctuated equilibria and technological progress." *The American Economic Review*, 80(2): 350–4.

Mokyr, J. (1991) "Evolutionary biology, technological change and economic history." *Bulletin of Economic Research*, 43(2): 127–49.

Myer, J. and B. Rowan (1977) "Institutionalizing organizations: formal structures as myth and ceremony." *American Journal of Sociology*, 83: 340–63.

Nelson, R. (1961) "Uncertainty, learning, and the economics of parallel research and development." *Review of Economics and Statistics*, 43: 351–68.

Nelson R. and S. Winter (1982) *An Evolutionary Theory of Economic Change*. Belknap Press: Cambridge, MA.

Newel, A. and H. Simon (1972) *Human Problem Solving*. Prentice-Hall: Englewood, NJ.

Nickerson, J. and T. Zenger (2002) "Being efficiently fickle: a dynamic theory of organizational choice." *Organization Science*, 13(5): 547–66.

Obloj, T. and M. Sengul (2020) "What do multiple objectives really mean for performance? Empirical evidence from the French manufacturing sector." *Strategic Management Journal*, 41(13): 2518–47.

Odling-Smee, F. J. (2003) *Niche Construction: The Neglected Process in Evolution*. Princeton University Press: Princeton.

Osborn, A. (1953) *Applied Imagination: Principals and Procedures of Creative Thinking*. Scribner: New York.

Ouchi, W. (1980) "Markets, bureaucracies, and clans." *Administrative Science Quarterly*, 25: 129–41.

Page, S. (2007) *The Difference: How the Power of Diversity Makes Better Groups, Organizations, Schools, and Societies*. Princeton University Press: Princeton.

Pauwels, K., D. M. Hanssens, and S. Siddarth (2002) "The long-term effects of price promotions on category incidence, brand choice, and purchase quantity." *Journal of Marketing Research*, 39(4): 421–39.

Penrose, E. (1959) *The Theory of the Growth of the Firm*. M. E. Sharpe: White Plains, NY.

Phillips, D. (2011) "Jazz and the disconnected: city structural disconnectedness and the emergence of a jazz canon, 1897–1933." *American Journal of Sociology*, 117: 420–83.

Pigliucci, M. (2001) *Phenotypic Plasticity: Beyond Nature and Nurture*. Johns Hopkins University Press: Baltimore.

Polanyi, M. (1964) *Personal Knowledge*. Harper & Row: New York.

Pontikes, E. (2018) "Category strategy for firm advantage." *Strategy Science*, 3(4): 620–31.

Pontikes, E. and V. Rindova (2020) "Strategy making through temporal, constructive, and interactive agency." *Strategy Science*, 5(3): 149–59.

Porter, M. (1990) *The Competitive Advantage of Nations*. Free Press: New York.

Porter, M. (1996) "What is strategy?" *Harvard Business Review*, 74: 61–78.

Posen, H., J. Lee and Sangyoon Yi (2013) "The power of imperfect imitation." *Strategic Management Journal*, 34: 149–64.

Posen, H. and D. Levinthal (2012) "Chasing a moving target: exploration and exploitation in a dynamic environment." *Management Science*, 58: 587–601.

Prahalad, C. and R. Bettis (1986) "The dominant logic: a new linkage between diversity and performance." *Strategic Management Journal*, 7: 485–501.

Puranam, P. (2018) *The Microstructure of Organizations*. Oxford University Press: Oxford.

Puranam, P. and B. Vanneste (2016) *Corporate Strategy: Tools for Analysis and Decision Making*. Cambridge University Press: Cambridge.

Ranganathan, R. and L. Rosenkopf (2014) "Do ties really bind? The effect of knowledge and commercialization networks on opposition to standards." *Academy of Management Journal*, 57(2): 515–40.

Rao, H., P. Monin, and R. Durand (2005) "Boundary crossing: bricoloage and the erosion of categorical boundaries in French gastronomy." *American Sociological Review*, 70(6): 968–91.

Reagans, R. and B. McEvily (2003) "Network structure and knowledge transfer: the effects of cohesion." *Administrative Science Quarterly*, 48(2): 240–67.

Reich, L. S. (1985) *The Making of American Industrial Research. Science and Business at GE and Bell, 1876–1926*. Cambridge University Press: New York.

Ries, E. (2011) *The Lean Startup: How Today's Entrepreneurs Use Continuous Innovation to Create Radically Successful Businesses*. Crown Business: New York.

Rivkin, J. (2000) "Imitation of complex strategies." *Management Science*, 46(4): 824–44.

Rivkin, J. and N. Siggelkow (2003) "Balancing search and stability: interdependencies among elements of organizational design." *Management Science*, 49(3): 290–311.

Romanelli, E. and M. L. Tushman (1994) "Organizational transformation as punctuated equilibrium: an empirical test." *Academy of Management Journal*, 37(5): 1141–66.

Rosenberg, N. (1963) "Technological change in the machine tool industry: 1840–1910." *Journal of Economic History*, 23(4): 414–43.

Rumelhart, D. and J. McClelland (1986) *Parallel Decision Processes: Explorations in the Microstructure of Cognition*. MIT Press: Cambridge, MA.

Rumelt, R. P. (1991) "How much does industry matter?" *Strategic Management Journal*, 12(3): 167–85.

Sackmann, S. A. (1992) "Culture and subcultures: an analysis of organizational knowledge." *Administrative Science Quarterly*, 37(1): 140–61.

Sah, R. and J. Stiglitz (1988) "The architecture of economic systems: hierarchies and polyarchies." *American Economic Review*, 76(4): 716–27.

Samuel, A. (1959) "Some studies in machine learning using the game of checkers." *IBM Journal of Research and Development*, 31: 211–29.

Samuel, A. (1967) "Some studies in machine learning using the game of checkers II: recent progress." *IBM Journal of Research and Development*, 11: 601–17.

Samuelson, P. (1947) *Foundations of Economic Analysis*. Harvard University Press: Cambridge, MA.

Santos, F. and K. Eisenhardt (2009) "Constructing markets and shaping boundaries: entrepreneurial power in nascent fields." *Academy of Management Journal*, 52(4): 643–71.

Savage, L. (1954) *The Foundations of Statistics*. Wiley: New York.

Schaffer, C. (1993) "Overfitting avoidance as bias." *Machine Learning*, 10(2): 153–78.

Schumpeter, J. A. (1934) *The Theory of Economic Development*. Harvard University Press: Cambridge, MA.

Schilling, M. (2000) "Toward a general modular systems theory and its application to interfirm product modularity." *Academy of Management Review*, 25(2): 312–34.

Selton, R. (1975) "Reexamination of the perfectness concept for equilibrium points in extensive form games." *International Journal of Game Theory*, 4: 25–55.

Shaver, M. (1998) "Accounting for endogeneity when assessing strategy performance: does entry mode choice effect FDI survival?". *Management Science*, 44(4): 571–85.

Shin, J. and K. Milkman (2016) "How backup plans can harm goal pursuit: the unexpected downside of being prepared for failure." *Organizational Behavior and Human Decision Processes*, 135: 1–9.

Siggelkow, N. (2001) "Change in the persistence of fit: the rise, the fall, and the renaissance of Liz Claiborne." *Academy of Management Journal*, 44(4): 838–57.

Siggelkow, N. and D. Levinthal (2004) "Temporally divide to conquer: centralized, decentralized, and reintegrated organizational adaptations to exploration and adaptation." *Organization Science*, 14: 650–69.

Siggelkow, N. and D. Levinthal (2005) "Escaping real (non-benign) competency traps: linking the dynamics of the organizational structure to the dynamics of search." *Strategic Organization*, 3: 85–115.

Simon, H. (1962) "The architecture of complexity." *Proceedings of the American Philosophical Society*, 106: 467–82.

Simon, H. A. (1955) "A behavioral model of rational choice." *Quarterly Journal of Economics*, 69(1): 99–110.

Simon, H. A. (1976 [1947]) *Administrative Behavior: A Study of Decision-Making Processes in Administrative Organization*. Free Press: New York.

Sine, W. and B. Lee (2009) "Tilting at windmills? The environmental movement and the emergence of the U.S. wind energy sector." *Administrative Science Quarterly*, 54(1): 123–55.

Singh, S., R. Lewis, A. Barto, and J. Sorg (2010) "Intrinsically motivated reinforcement learning: An evolutionary perspective.' *IEEE Transactions on Autonomous Mental Development*, 2(2): 70–82.

Skinner, B. (1957) *Verbal Behavior*. Appleton-Century-Crofts: New York.

Smith, A. (1776) *The Wealth of Nations*. Strahan and Cadell: London.

Sontag, S. (2002) "An argument about beauty." *Daedalus*, 131(4): 21–6.

Sorenson, O. and J. Sørensen (2001) "Finding the right mix: Franchising, organizational learning, and chain performance." *Strategic Management Journal*, 22: 713–24.

Stebbins, L. G. and F. Ayala (1981) "Is a new synthesis necessary?" *Science*, 213(28): 967–71.

Stein, J. (2003) "Agency, information, and corporate investment." In *Handbook of the Economics of Finance*, ed. G.M. Constantinides, M. Harris, and R. Stulz, pp. 113–65. Elsevier Science:

Amsterdam.

Stinchcombe, A. (1965) "Social structures and organizations." In *Handbook of Organizations*, ed. J. G. March, pp. 142–93. Rand McNally: Chicago.

Sutton, R. (1996) "Generalization in reinforcement learning: successful examples using sparse coarse coding." *Advances Neural Inference Process Systems*, 8: 1030–44.

Sutton, R. and A. Barto (1998) *Reinforcement Learning: An Introduction*. MIT Press: Cambridge, MA.

Szulanski, G. (1996) "Exploring internal stickiness: impediments to the transfer of best-practices within the firm." *Strategic Management Journal*, 17: 27–43.

Teece, D. (1986) "Profiting from technological innovation: implications for integration, collaboration, licensing, and public policy." *Research Policy*, 15: 285–306.

Teece, D. (2007) "Explicating dynamic capabilities: the nature and microfoundations of (sustainable) enterprise performance." *Strategic Management Journal*, 28: 1319–50.

Teece, D., G. Pisano, and A. Shuen (1997) "Dynamic capabilities and strategic management." *Strategic Management Journal*, 18(7): 509–33.

Teece, D. J., R. Rumelt, G. Dosi, and S. G. Winter (1994) "Understanding corporate coherence: theory and evidence." *Journal of Economic Behavior and Organization*, 23: 1–30.

Tesuaro, G. and T. Sejnowski (1989) "A parallel network that learns to play Backgammon." *Artificial Intelligence*, 39: 357–90.

Thorndike, E. (1899) "The associate process in animals." Biological Lectures from the Marine Biological Laboratory Woods Hole Atheneum.

Trigeorgis, L. and J. Reuer (2017) "Strategic management and real options." *Strategic Management Journal*, 38: 42–63.

Tushman, M. L. and E. Romanelli (1985) "Organizational evolution: a metamorphosis model of convergence and reorientation." In *Research in Organizational Behavior*, ed. L. L. Cummings and B. M. Staw, pp. 171–222. JAI Press: Greenwich, CT.

Tushman, M. L. and P. Anderson (1986) "Technological discontinuities and organizational environments." *Administrative Science Quarterly*, 31(3): 439–65.

Twain, M. (1897) *Following the Equator*. Sun-Times Publishing: Chicago.

Van Maanen, J. (1973) "Observations on the making of policemen," *Human Organization*, 32: 407–18.

Vanneste, B. (2017) "How much do industry, corporation, and business matter, really? A meta-analysis." *Strategy Science*, 2: 121–39.

Vaughan, D. (1996) *The Challenger Launch Decision*. The University of Chicago Press: Chicago.

Von Hippel, E. (1988) *The Sources of Innovation*. MIT Press: Cambridge, MA.

Weick, K. (1979) *The Social Psychology of Organizing*, 2nd ed. Addison-Wesley: Reading, MA.

Whittle, P. (1988) "Restless bandits: activity allocation in a changing world." *Journal of Applied Probability*, 25: 287–98.

Williamson, O. (1975) *Markets and Hierarchies, Analysis and Antitrust Implications: A Study in the Economics of Internal Organization*. Free Press: New York.

Williamson, O. E. (1985) *The Economic Institutions of Capitalism*. Free Press: New York.

Winter, S. G. (1964) "Economic 'natural selection' and the theory of the firm." *Yale Economic Essays*, 4(1): 225–72.

Winter, S. G. (1987) "Knowledge and competence as strategic assets." In *The Competitive Challenge: Strategies for Industrial Innovation and Renewal*, ed. D. Teece, pp. 159–83. Ballinger Press: Cambridge, MA.

Winter, S. G. and G. Szulanski (2001) "Replication as a strategy." *Organization Science*, 12: 730–43.

Winter, S. G., G. Szulanski, D. Ringov, and R. Jensen (2012) "Reproducing knowledge: inaccurate replication and failure in the franchise organization." *Organization Science*, 23: 672–85.

Wright, S. (1933) "Evolution in Mendelian genetics." *Genetics*, 16: 97–159.

Wry, T., M. Loundsbury, and M. Glynn (2011) "Legitimating nascent collective identities: coordinating cultural entrepreneurship." *Organization Science*, 22(2): 449–63.

Wu, B., Z. Wan, and D. Levinthal (2014) "Complementary assets as pipes and prisms: innovation incentives and trajectory choice." *Strategic Management Journal*, 36: 1257–78.

图书在版编目(CIP)数据

演化过程与组织适应 : 战略管理的孟德尔视角 / (美)丹尼尔·A.利文索尔著 ; 郑海洋, 陈姗姗译. 上海 : 格致出版社 : 上海人民出版社, 2025. -- (当代经济学系列丛书 / 陈昕主编). -- ISBN 978-7-5432 -3625-7

Ⅰ. F272.1

中国国家版本馆 CIP 数据核字第 20248NG911 号

责任编辑 王　萌
装帧设计 王晓阳

当代经济学系列丛书·当代经济学译库

演化过程与组织适应:战略管理的孟德尔视角

[美]丹尼尔·A.利文索尔 著

郑海洋　陈姗姗 译

出　　版	格致出版社
	上海三联书店
	上海人氏出版社
	(201101　上海市闵行区号景路 159 弄 C 座)
发　　行	上海人民出版社发行中心
印　　刷	上海商务联西印刷有限公司
开　　本	710×1000　1/16
印　　张	8.75
插　　页	3
字　　数	108,000
版　　次	2025 年 1 月第 1 版
印　　次	2025 年 1 月第 1 次印刷

ISBN 978 - 7 - 5432 - 3625 - 7/F · 1602

定　　价　55.00 元

当代经济学译库

演化过程与组织适应:战略管理的孟德尔视角/丹尼尔・A.利文索尔著
演化博弈论/乔根・W.威布尔著
全球生产:企业、合同与贸易结构/波尔・安特拉斯著
从生物经济学到去增长/尼古拉斯・乔治斯库-罗根著
货币生产理论/奥古斯都・格雷泽尼著
家庭经济学/马丁・布朗宁等著
现代演化经济学/理查德・R.纳尔逊等著
基于实践的微观经济学/赫伯特・A.西蒙著
教育和技术的赛跑/克劳迪娅・戈尔丁等著
区域贸易与国际贸易(修订版)/贝蒂尔・俄林著
契约与经济组织/本特・霍姆斯特罗姆等著
企业成长理论(第四版)/伊迪丝・彭罗斯著
税收制度的生态:影响税收需求与供给的因素/维托・坦茨著
财富再分配/托马斯・皮凯蒂著
经济分析、道德哲学与公共政策(第三版)/丹尼尔・豪斯曼等著
产权的经济分析(第二版)/约拉姆・巴泽尔著
宏观经济学和金融学中的信息选择/苏拉・L.费尔德坎普著
偏好的经济分析/加里・S.贝克尔著
资本主义的本质:制度、演化和未来/杰弗里・霍奇森著
拍卖理论(第二版)/维佳・克里斯纳著
货币和金融机构理论(第1卷)/马丁・舒贝克著
货币和金融机构理论(第2卷)/马丁・舒贝克著
货币和金融机构理论(第3卷)/马丁・舒贝克著
经济增长理论简述/琼・罗宾逊著
有限理性与产业组织/兰・斯比克勒著
社会选择与个人价值(第三版)/肯尼思・J.阿罗著
芝加哥学派百年回顾:JPE 125周年纪念特辑/约翰・李斯特、哈拉尔德・乌利希编
博弈论的语言——将认知论引入博弈中的数学/亚当・布兰登勃格编著
不平等测度(第三版)/弗兰克・A.考威尔著
农民经济学——农民家庭农业和农业发展(第二版)/弗兰克・艾利思著
私有化的局限/魏伯乐等著
金融理论中的货币/约翰・G.格利著
社会主义经济增长理论导论/米哈尔・卡莱斯基著
税制分析/乔尔・斯莱姆罗德等著
社会动力学——从个体互动到社会演化/布赖恩・斯科姆斯著
创新力微观经济理论/威廉・鲍莫尔著
冲突与合作——制度与行为经济学/阿兰・斯密德著
产业组织/乔治・J.施蒂格勒著
个人策略与社会结构:制度的演化理论/H.培顿・扬著
科斯经济学——法与经济学和新制度经济学/斯蒂文・G.米德玛编
经济学家和说教者/乔治・J.施蒂格勒著
管制与市场/丹尼尔・F.史普博著